やまとなでしこの性愛史

古代から近代へ

和田好子〔著〕

ミネルヴァ書房

はじめに

昭和前期、ことに敗戦以前、日本の女性は貞操が堅い、独身の間処女の純潔を守り、結婚後は夫一人を守るといわれていた。じっさい当時はそういう女性が多かった。社会の規制が厳しかったので、まじめで善良な人ほどよくそれに適応し、守ろうと努めたのである。

結婚の自由は法的になかった。明治に制定された旧憲法では、家長の許可がなくては結婚できない。若い男女に交際の機会は与えられず、恋愛は悪事であった。結婚は親の薦めるまま、一、二回の見合いで取り決められ、何度か見合いを繰り返すことさえ非難された。

女性の婚期はごく短く、一七、八歳から二三歳まで。二二歳は二並びといって縁起がよくないとされ、二三歳を過ぎればもう「嫁《い》き遅れ」で、二一歳までが勝負であった。そうして結婚したが最後、離婚は非常な不名誉で、夫と別れて実家に戻った女性は、「出戻り」という差別語で悪口を言われた。

働く女性は「職業婦人」と呼ばれたが、それも一種の差別語で、「働かなければならない不幸な女」というニュアンスで使われていた。女性の生きる道は結婚して、いわゆる良妻賢母になるのが理想であり、それ以外にはなかったといってよい。

こうした時代に青春を過ごした女性も、現在かなり生き残っている。彼女たちのある者は、自由恋愛を許された今の若者をうらやみ、またある者は「男女関係が乱れている」と非難している。

じつは私もそうした旧世代の最後に属しているのだが、戦時中の女学生時代、選択授業で「枕草子」を習ったのが契機となり、日本の古典文学に親しむようになった。明けても暮れても「古事記」、「万葉集」、「伊勢物語」、「枕草子」と解りもしないのにその世界に浸りきっていたものである。戦後はまた能狂言に凝って、能楽堂に通い詰めたりした。

そうしているうちに、古典文学に登場する女性たちの恋愛や結婚が、だいぶわれわれ世代とは異なっていることに気付き、自分も縛られていた明治憲法時代の厳しい規制は、もっと古い昔には存在しなかったのではないか、という疑問を久しく抱き続けてきた。

一〇年ほど前から、その疑問を解決すべく関連書をあたり始めたが、驚くほど自由であった日本女性の性と結婚の歴史を知るにつれ、それを多くの人に語りたくなって書いたのが本書である。

それだけではない。ほかの新しい発見もあった。女が自由であった時代、男も自由で、今よりおそらく幸福だったろうということである。女性蔑視とされる一夫多妻制も、一夫一婦制の現代から想像するようなものではなく、それなりのよさを持っていたのだと思う。

とにかく日本の男女関係の伝統はうまくできていた。日本人はたいへん利口で人間性を抑圧せず、性愛や結婚をじつに自然な形で規定してきたのである。それがなぜ、いつ頃からあんなに不自由になってしまったのかも、私なりに解釈を試みた。

二一世紀の現在、日本では男女間の関係が大きな変化を迎えている。自由といえば聞こえがいいが、結婚という結び付き自体が難しくなり、家族の形も解体しつつあるように見える。これは大きな社会変革の前触れではないか。

そういう疑問と不安に「後記として」では触れてある。目先の高齢化、少子化を中心に語られている未来だけれども、はかりがたい歴史の変化を感じずにはいられない。この問題について、これから多角的な議論の起こることを期待している。

最後に、刊行をお引き受け下さったミネルヴァ書房の杉田社長に深謝の意を表したい。この分野ではまったく無名の著者であるにもかかわらず、お取り上げ下さったのは望外のよろこびである。また細かくご指導を賜った編集の柿山真紀様にも、感謝のほかない。ひたすらお礼を申し上げる。

やまとなでしこの性愛史——古代から近代へ

目次

目　次

第一章　神と人とに交わる女
——記紀の時代

戦前の女学生が読んだ「古事記」

私が初めて「古事記」という書物に触れたのは、旧制高等女学校に上がったばかりの昭和一七（一九四二）年春のことである。前年の一二月には日米戦争が始まっているという緊迫した時代だった。学校で配られた副読本「上代帝都の史跡」というのを読んで、上代史に興味を持ち、図書室に行って注釈付きのそれを手に取ったのであった。

どうして興味を持ったかというと、その副読本には「古事記」「日本書紀」の引用として、天皇家のスキャンダルがいろいろ出ており、驚かされたからである。なにしろ皇国史観全盛で「天皇は現人神《あらひとがみ》で神聖にして犯すべからず、われら臣民は天皇のためにはいつでも命を捧げねばならぬ、神国不滅、必勝……」という歴史観一色の時代、それ以外の説は言論統制で許されなかった。そんなとき、皇后狭穂《サホ》媛が兄に頼まれて垂仁天皇を殺そうとしたとか、崇峻天皇が蘇我馬子の刺客に殺されたとか、安康天皇が大日下《オオクサカ》王を殺してその妻を奪い后としたので、大日下の幼い息子目弱《マヨワ》王に殺されたとか、そんな血なまぐさい宮廷騒動を知って、歌舞伎座でお家騒動の芝居を見るような興味を覚えたのである。

副読本は校長の書いたものだった。彼は当時すでに七〇歳を越えていたが、いかにも明治の知識人らしく、天皇崇拝に凝り固まった国粋主義の思想を持ちながら、ヨーロッパ・アメリカに教育事情視察旅行を一度ならずしていて、西洋かぶれでもあった。校内の廊下には、彼が持ち帰った西欧名画の絵はがきや複製がところ狭しと貼られていて、私は毎日熱心に見て回った。ギリシャ神話、キリスト教の聖画、王侯貴族の肖像など、未知の西欧文化にあこがれ、夢中になったものだ。

矛盾に満ちた老校長の心の中は未だに理解のほかであるが、その副読本には「天孫民族の祖先は満韓（中国東北部、朝鮮半島）から来た（当時公式には、高天原という天上の神の国から来たことになっていた）」などと書いてあったのだ。「古事記」や「日本書紀」の引用は遠慮なくしていて、一二歳の新入女学生には当時行われない、めずらしい歴史教育であったと思う。

さて初めて読んだ「古事記」が私を驚かせたのは、人間の性についての赤裸々な記述であった。まず日本の国土（島々）を夫婦の神が生むという神話である（以下の引用は二〇〇一年発行の倉野憲司校注、岩波文庫による）。イザナキ、イザナミの男女二人の神が結婚する段で、男神のイザナキが、「汝が身はいかにか成れる」と女神に聞く。答えは「吾が身は成り成りて成り合わざるところ一ところあり」。こんどは男神が「吾が身は成り成りて成り余れるところ一ところあり。故《かれ》（ゆえに）、この吾が身の成り余れるところをもちて、汝が身の成り合わざるところに差し塞《ふた》ぎて、国土を生みなさむと思う。生むこといかに」と言う。

性と結婚について、女の子には何一つ教えない当時のこと、私はこの一節の意味を考えて、ずいぶん悩んだ。悩みが氷解したのは、ちょうどこのとき、誰のいたずらか分からないがクラス中の机の中に、じつにリアルな手書きの春画が入っており、大騒ぎがあったことによる。あの大戦下、女ばかりの学校に忍び込んで、そんなことをする暇人がいたのだ。断っておくが、コピー機はまだない。ゼロックスが現れたのは、たしか戦後もずいぶん後の一九六〇年代である。机は五〇余り、それだけの枚数をシコシコ描いたのはどんな人だったのだろう。なかなか上手な絵であった。

「あっ、そうか」。「差し塞ぎて」を読んでいた私は、たちまち結婚の実態を了解したのだった。

神と交わる姫

「古事記」をさらに読んでいくと、こんな奇抜な話に行き当たる。

上つ巻の神話、神々の物語が終わって中つ巻に入り、人皇第一代神武天皇紀、皇后選定の段である。神の御子だという美人が推薦された。神の子であるゆえんは、母が神に愛されたからである。母はミシマノミゾクイという豪族の娘でセヤダタラヒメといった。「容姿麗美」であった。

ミワノオオモノヌシノカミ（大和の三輪山の神）が「見愛《め》でて、その美人の大便《くそ》まれるとき、丹塗《にぬ》りの矢になりてその大便まれる溝より流れ下りて、その美人の陰《ほと》を突きき」。あまりにも即物的な求愛に、彼女は驚いて立ち走り、「いすすきき（あわてふためいた）」。びっくりしたわりに嫌悪感はなかったらしく、その矢を拾って「床の辺に置けば、たちまちに麗しき男になりて」二人は結婚した。そして生まれた美人が神武天皇の皇后に推薦されるのである。

皇后入内《じゅだい》のとき、天皇が詠まれた歌というのにも首をひねった。

葦原のしけしき小屋に菅畳《すがたたみ》　いや清《さ》や敷きてわが二人寝し

「しけしき」は汚く荒れたという意味だとあるので、「小屋に畳を敷いて皇后入内？」と古代生活の貧しさ、簡素さに呆れた。これはじつのところ御製ではなく、当時の民謡が紛れ込んだのかもしれないが、今のような布団がなくて畳が寝具だったことはたしかである。「寝る」ことが結婚なのだと「古事記」にはじつにはっきり書かれている。

現在もアニメや歌舞伎の題材になったりして、有名な英雄ヤマトタケルが遠征に旅立った理由にも驚かされた。

彼は景行天皇の皇子で、同母の兄があった。天皇が新たに妃とすべき姉妹を迎えるため（多妻制では、姉妹が一人の男と結婚することはよくあった）兄の皇子を遣いにやった。彼女たちが美しかったので、兄皇子は「マグワイ（性関係を結ぶこと）」してしまい、ほかの娘をそれだといって天皇に奉った。天皇は偽ものと見破ってマグワイなさらなかった。

その後、兄皇子が「朝夕の大御食《おおみけ》（朝廷の会食）」に出てこないことがあったので、天皇が弟皇子に「出てくるよう教え諭せ」と命じられた。それでも出てこないので「どうした？」とお聞きになると、「朝、兄が厠《かわや》へ入ったとき、待ちかまえて捕まえ、つかみつぶして手足をもいで、薦《こも》に包んで捨てました」と答えた。天皇は弟皇子の気の荒いのに驚かれて「西の方にいる熊曾《くまそ》（朝廷に服さない部族）を征伐して来い」とお命じになり、これから弟皇子、即ちヤマトタケルの遠征が始まるのである。

兄を惨殺するなんて、父天皇が驚いたのも無理はない。戦争させておくに限ると思われたのは、賢明な判断である。

接待婚あり近親婚あり

クソまる（大便をする）、ユマリまる（小便をする）などの言葉は遠慮なく使われているが、ヤマトタケルの遠征談では月経血が出てくる。

西征を終えて帰ると再び天皇は東征を命じた。彼がその途次伊勢神宮に詣でて、おばである巫女の皇女、ヤマトヒメノミコトから草薙剣《くさなぎのつるぎ》（後に皇室に伝わる三種の神器の一つとされた）を授かる話はよく知られている。それから尾張の国に入り、豪族の家に泊まって娘のミヤズヒメを知る。そのときは婚約をしたのみだったが、やがて東征を終えての帰途、再びミヤズヒメのもとに入った。こういう結ばれ方は接待婚というものなのだ。貴人を客として迎えたとき、その家の娘が一夜の妻となる。そのまま長く滞在して、娘婿として居着いてしまえば結婚となる風習で、家長の妻さえ一夜妻をつとめることがあったという。客の身分によって一夜妻の等級も上下あり、大した客でなければ下女などが出たらしい。

最高の身分である皇子を迎えて、豪族の館では宴会が開かれ、ミヤズヒメが盃を捧げて出てきたが、彼女のオスイ（打ち掛け）の裾に月経血が付いていた。それを見てヤマトタケルが歌いかける。

「ひわぼそのたわや腕を　枕《ま》かむとは我《あれ》はすれど　さ寝むとは我は思えど
汝が着せるオスイの裾に月経ちにけり
（か弱く細いあなたの腕を　枕にして寝たいものだが　オスイの裾に月が経っていますね）」

彼女も歌で答える。

「うべなうべな　君待ち難《がた》に　我が着せるオスイの裾に　月立たなむよ
（そうでしょう　そうでしょう　あなたを待ちかねて　月日が経ったのですもの）」

「故、ここにミアイ（結婚の共寝を）し給いて」というわけなのだが、月経の血は古代にはケガレでなかったのか？　昭和のころはケガレとされ、月事の間は神社に参拝してはならないと私たちは教えられた。女は月経があるから汚れた存在だとされたほどで、とにかく隠すべき恥ずべきものだった。それをミヤズヒメは打ち掛けに付けて恥じる様子もなく、ヤマトタケルも「これじゃ今夜はだめかな？」と軽く尋ねている感じで、結局寝たのである。私はすでに初潮を見ていて、禁忌を教わっていたからびっくりした。大昔は平気だったと見える。

禁忌といえば、現代の常識とひどく違っているのは近親結婚の範囲のことである。今の民法ではイトコまで離れないと結婚できない。ところが「古事記」を見ると、親子間か同母のきょうだい間だけが禁忌でほかは許されている。

ヤマトタケルは父景行天皇の妹、つまり叔母と何人かいる妻の一人として結婚しているし、仁徳天皇は庶妹《ママイモ》（異母妹）と結婚している。例を挙げればきりがない。

もっと昔は同母のきょうだいも許されていたのではないか。イザナキ、イザナミはきょうだいだろう。こうした名前は同母きょうだいであるのを表していることが多い。太陽神の巫女アマテラスと、弟スサノオがウケイ（誓約、卜占《ぼくせん》の性格を持つ）をして「子生まむ」と同意し、男女の子を生んだとある。彼らは同母か異母かわからないが（二人ともイザナミの死後に生まれたイザナキの子）、その子の一人がアマテラスの太子（日嗣《ひつぎ》の皇子、嗣子《しし》）アメノオシホミミノミコトで、またその子が「天孫降臨」のニニギノミコトである。ニニギの末裔《まつえい》が天皇家なのだ。

アマテラスには夫がいない。それでいて子や孫がいる。当然ウケイをした弟のスサノオを疑った人がいて、中世にできた吉田神道という一派に、秘伝として「交合なされた」という説があるという（菅野覚明『神道の逆襲』二〇〇一）。皇国史観一色の戦時中には、皇室にスキャンダルなどもってのほかで、アマテラスに夫がいないことなど問題にする人もなかったが……。

「古事記」が書かれたのは八世紀だが、そのだいぶ以前から同母きょうだい間の結婚は禁じられていた。第一九代允恭《いんぎょう》天皇紀に、軽太子《かるのひつぎのみこ》と同母妹の軽大郎女《かるのおおいらつめ》とが密かに通じ、それがあらわれて軽太子は流刑になり、大郎女も追って行き、共に自死したという悲恋物語がある。だから同母きょうだい間のことは、イザナキ、イザナミはじめ、はっきり書かれなかったのだろう。戦時中の一二歳の女学生にはそこまで分からなかったが、とにかく叔母、姪、異母姉、異母妹などとの近親婚が多いのには不思議でならなかった。

人間天皇の女性関係

昭和の当時は皇居の前、桜田門あたりを路面電車で通るのにさえ、乗客一同立ち上がって最敬礼をするほど敬われていた天皇、畏《おそ》れ多いアラヒトガミ、つまり神様だと信じられていた天皇も、「古事記」にかかるとじつに人間的である。

第一六代仁徳天皇は、弟のウジノワキイラツコと帝位に就くことを譲り合ったり、民の家々に煙が上がらない様子を見て、生活が苦しいのだろうと租税を免じた美談で知られる。学校ではこの美談のみを教えていたのだが、「古事記」を見るとなかなかおもしろい話が伝わっている。

　彼は天皇としては初めて民間から皇后を迎えた。葛城氏という大豪族の娘で大后イワノヒメである。しかし当時、皇后に立つのは皇族が例だったから、もう一人皇族の妻を迎えたかったようだ。多妻制だからそれは問題ないが、皇后の地位は一つしかない。奪われたらたいへんと、民間出の皇后としては警戒するのは当然である。彼女はとにかく天皇に近づく女を誰彼となく嫉妬した。

「天皇の使わせるミメ（妃、正妻でない妻）は、宮の中に得行かず、言立てば足もあがかに（足をバタバタさせて）嫉み給いき」

　天皇は政治的理由で、重臣や豪族の娘を妃に迎えなければならなかった。彼らに好意を示し、懐柔するためである。娘の実家からすると、天皇家への服属の証明でもあれば、強力な保護を得ることにもなった。そういう事情からか吉備《きび》の海部直《アマベノアタエ》の娘で黒日売《クロヒメ》を召し出したところ、皇后が大いに嫉《ねた》んだ。黒日売は怖れ畏んで逃げ帰ろうとし、当時の都は難波（大阪）であるから、その港から船に乗った。留めきれなかった天皇は、高殿に登り見送って歌を詠み名残を惜しんだ。それを知った皇后は人を遣って黒日売を船から追い下ろし、歩いて実家まで帰らせたという。恐妻家の天皇は、皇后に隠れて吉備の国（現在の岡山県から広島県にまたがる古代の国）へ会いに行ったりしたが、ついに彼女を呼び戻すことはできなかった。

やはり皇族の妻が必要だったのか、天皇は異母妹ヤタノワキイラツメに目を付け、皇后が紀伊の国へ柏の葉（宮中の宴会で用いる食器。公用で採りに行くのである）を採りに出掛けた隙に、召して結婚してしまった。ところが「天皇はこのごろヤタノワキイラツメとマグワイし給いて、昼夜戯れ遊びます」と言いつけた者があり、皇后はかんかんに怒って採った柏の葉を海に投げ棄て、山代の国（現在の京都府南部）まで家出をしてしまう。

まあそれからいろいろあるのだが、彼の恐妻ぶり、大后の猛烈なヤキモチは、今の皇室ならはたして洩れ聞こえることがあるだろうか。

第二一代雄略天皇は、即位に際して競争者の皇子たちを殺害したほど暴力的な人であった。ところがこんな話も伝わっている。

皇位についてのち、ある日遊びに出て川で洗濯している美人を見かけ、「結婚するな。（妃に）召し出すから」と彼女に約束して帰った。言った本人はそれきり忘れていたところ、じつに八〇歳にもなって、彼女が多くの婿引き出物（結婚式に際し女方から贈る物）を持って訪ねてきた。

「残念ながら、こんなに年を取ってしまいましたけれども、お約束を忘れずに結婚しないでおりました。ただその気持ちを申し上げたくて」

驚いた天皇は「朕は忘れてしまったのに、汝は志を守り若い日を無駄にした。甚だ愛すべし」と言ってすぐ結婚しようと思ったが、彼女があまりに年を取っているので（自分もだろう）思い止まった。彼女は天皇から、御歌とたくさんの贈り物を賜って帰って行った。いろいろ暴虐な振る舞いをしているが、いくつかのエピソードによればなかなか愛嬌のある人なのだ。

「古事記」の天皇は、英雄ともいえず偉大な人格も持っておらず、良いことも悪いこともする普通の人間に見える。神の子孫に違いないけれども（少なくともわれわれはそう教えられていたし、古代にもそう信じられていた）、しかし人間であることも間違いない。初めて読んだ「古事記」は私にそういう感想を抱かせ、天皇なるものに大いに親しみを持つようになった。昭和の戦中には、偉大な畏怖すべき天皇像が政策によって作られ、宣伝されていたが、私は「古事記」を読んで目が覚めてしまったのである。

さらに性に対する禁忌や偏見がなく、マグワイという行為があまりにも平然と語られるのには、驚いたばかりか意識が変わった。私はそれに慣れ親しむにつれ、戦前女性が教育されていた性の禁忌、触れてはならない、知ってはならない、怖い、汚いという意識から離れていった。これはその後、日本の古典を読んでいく上で、とても役に立った意識改革であったと思う。

神と夫との三角関係

仁徳天皇の皇后イワノヒメは嫉妬で天皇を閉口させた。なかなか強硬だが、よく知られている神功皇后という人、彼女と夫の第一四代仲哀天皇（ヤマトタケルの息子）との事件は、もはや夫婦喧嘩の範疇ではない。

彼女は名をオキナガタラシヒメといい、第九代開化天皇の曾孫だから、皇族の出である。『古事記』は「神を帰《よ》せたまいき」と紹介する。霊媒として神霊を招き得る人という意味である。天皇は、九州の「熊曾の国」を征服しようとして筑紫の国に滞在していたが、戦の前途を知ろうとしてか、祭場を設け自ら琴を弾いて（琴の音に誘われて霊が寄るのである）皇后に神を招かせた。武内宿禰《たけのうちのすくね》大臣もその祭場に同席し、共に神意を請うた。

やがて皇后は神憑《かみがか》りして、神託を伝える。「西のかたに国あり。金銀をはじめとして目の輝く種々のめずらしき宝、多《さわ》にその国にあり。吾いまその国を帰《よ》せ（帰服させ）たまわむ」。熊曾ではなく、西の方の国を攻めればきっと勝利する、というご託宣であった。天皇は納得がいかない。そんなことを聞いていているんじゃないと思った。

彼は「高きところに登りて西の方を見れば、国土は見えず。ただ大海のみあり」と反論した上、「偽りをなす神」が憑いたのだと言って、琴を弾くのを止めてしまった。すると神は（皇后は）ひどく怒って、「この天の下は汝の知らすべき国にあらず。汝は一道に（冥土に）向かい給え」。つまり死んでしまえと罵ったのである。

驚いた武内宿禰大臣が「畏《かしこ》し（恐るべきです）、わが天皇、なおその御琴遊ばせ」と諫めたので、天皇はいやいやながら少し琴を鳴らしたけれども、またすぐその音は絶えてしまった。燈火を上げて見たところ彼は死んでいた。

「日本書紀」を見るとこれほど劇的ではない。天皇は神託に従わず、熊曾と戦《いくさ》をして負けて戦死したとも、急病で死んだともいわれる、とある。しかし神罰が当たったとしているのは、「古事記」と同様である。

そういうわけで、皇后が軍を率い、西の国、つまり朝鮮へ攻めて行って降参させた、という結果になるのである。この話はもちろん史実ではない。神功皇后の存在をも含めて、伝説にすぎないのだが、上代の現実をまったく反映していないわけではない。

三世紀に実在したと、中国の文献によって伝えられている卑弥呼という日本の女王、彼女は「鬼道に事《つか》え、よく衆を惑わす」「年すでに長大なるも、夫婿なく、男弟あり、たすけて国を治む」と「魏志倭人伝」に書かれている。

日本の古代には姫彦制といわれる統治形態があったという。女性が神に仕えて神託を伝え、彼女の兄弟がそれによって現実に政治を行うのである。上は天皇家から下は地方豪族家にいたるまで、姫と彦の組み合わせで統治していた時代があったらしい。彦は姫の兄弟であるのがふつうだが、神功皇后の伝説では夫である。このほうが時代の下がった形態とされるが、兄妹であったところで、同母でなければ結婚できたわけだから、このへん微妙な関係といえよう。神功皇后の伝説や、卑弥呼の権威を見るに姫の力は相当なもので、彦は姫の言うことを聞かなければ神罰が当たるのである。

姫彦制の姫は卑弥呼がそうであるように、夫婿はないことになっていた。なぜ未婚かというと、すでに神と結婚していたので、人間の夫は持てない。神託を聞くには、神の妻になる必要があった（と信じられていた）からである。神功皇后と仲哀天皇のように、姫彦が夫妻である場合、どう見てもこれは三角関係だが、この神聖な三角関係は、秘密裏に許容されていたらしい。

実際、夫婿がないといいながら、姫彦制の姫が子を生むということはままあった。神功皇后は夫がいるのだから、生むのは当然だが（夫の死後生まれたのが応神天皇）、神武天皇の皇后を生んだセヤダタラヒメのように、神と性関係を持って神の子を生む姫もいた。アマテラスは太陽神の巫女だが、夫がいないのに子を生み孫がいる。

古い神社には神宝として、古代のベッドである八重畳、枕、オフスマ（掛け布団）など

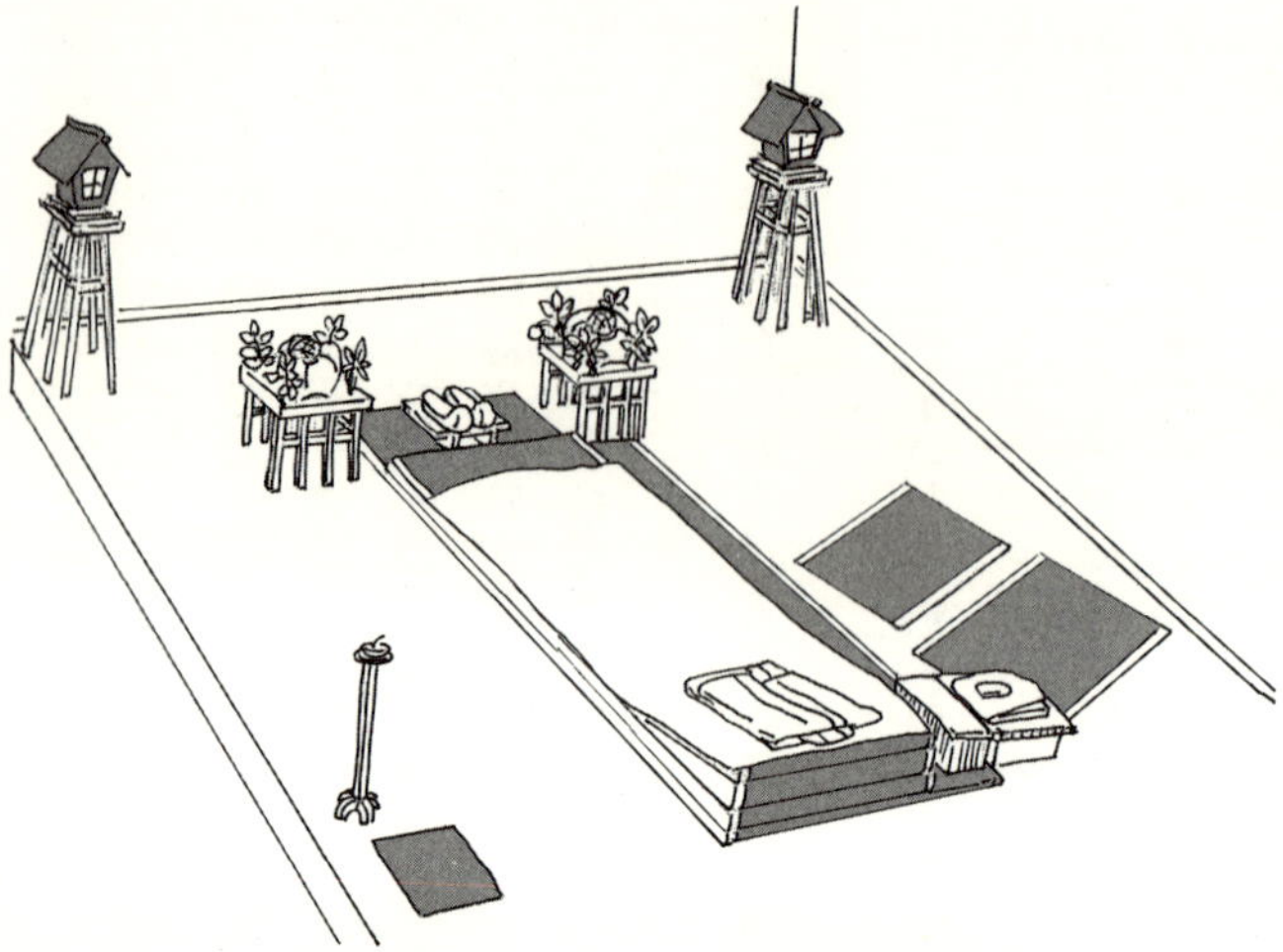

内陣の神座（ベッド）には，天照大神がお泊まりになるといわれる（岡田荘司『大嘗の祭り』学生社，1990年，口絵より作成）

の寝具が伝わっているという（内陣の神座）。いずれも巫女と神とがマグワイするためのしつらえだろう。女神とその子が祀られている神社は数多くあり、これは巫女が神の子を生んで、共に祭神となったものだ。昔の人は巫女が子を生めば神の子と信じて疑わなかったのである。

近ごろ発掘が進んでいる大和の纏向《まきむく》遺跡に近い箸墓《はしはか》古墳は、年代からして卑弥呼の墓ではないかといわれているが、『日本書紀』は第七代孝霊天皇の皇女ヤマトトトヒモモソヒメの墓で、彼女はオオモノヌシの神（三輪山の神）の妻であったと記している。神の妻になった貴女はかなりいて、姫彦制を支えていたのだろう。箸墓のような大古墳が女性のものと伝えられるところに、神を祀る姫の勢力の大きさがうかがわれる。

このような尊い姫がときに生んだ神の子とは、本当のところ誰が父だったのだろうか。吉田神道の秘伝によれば、共同統治者の彼女の兄弟が疑われるわけで、まあ当然といえよう。しかしそれだけではなさそうでもある。

「魏志倭人伝」には、女王卑弥呼に会う者は少なく、侍女一〇〇〇人を侍《はべ》らせているが「ただ男子一人あり、飲食を給し、辞を伝え、居処に出入す」とある。一〇〇〇人の侍女があっても、さらに親しく仕える「男子一人」がいるのだ。これはいったい何者か。共同統治者の男弟なら、「男子一人」と書くだろうか。またおそらく王と呼ばれていた弟が、召使いか秘書のような役割を担うとは、とうてい考えられない。弟でもない、こんな男がいては何だって起こり得る。

断っておくが日本には宦官《かんがん》はいない、男性を去勢する刑罰もない。後宮はすべて女性の官吏によって運営された。そして平安時代から中世の終わりくらいまで、男子禁制ではなかった。古代はどうであったか。

巫女が身籠る謎

古代の後宮には「釆女《うねめ》」という女官がいて、天皇の妾妻であり、出身は地方豪族の娘や姉妹である。天皇に「貢進《こうしん》」されたといわれ、豪族たちの服属のしるしであった。彼女たちは天皇の独占物で、他の男どもには禁忌とされた。藤原鎌足が、釆女の安見児《やすみこ》を天智天皇から賜って大喜びした歌が「万葉集」にある。彼と安見児との贈答歌は、結婚の申し込みと、礼儀上一応拒否した女の返歌、さらに男が押すという構成になっている。これは正式の婚姻手続きである。じっさい鎌足の正妻になった。貢進とか天皇から賜るなどというと、いかにも奴隷のように見えるが、宮廷貴婦人であったには違いない。釆女は実家では家の神の巫女で、姫彦の姫だったことから、それが家の神と共に天皇に服属した形で仕えているのである。つまり神の妻なので(服属後の神は天皇)宗教的理由から他の男とは禁忌だったのだろう(青木和夫『古代豪族』)。しかし神が許せば人間の妻になることができた。古代の後宮が男子禁制かどうかははっきりしないが、贈答歌によれば藤原鎌足は後宮へ安見児を訪婚したらしく思われる。当時の婚姻は男が女を訪問して、寝るところから始まるのである。

こんな理解し難い話も「日本書紀」の第二二代清寧天皇紀にある。清寧天皇には子がなく、彼の父雄略天皇が殺した市辺押磐皇子《いちのへのおしはのみこ》の子、弘計王《おけのおおきみ》が天皇位を嗣《つ》いだ。しかしその間には空白期があり、弘計王の姉ともおばともされる飯豊青皇女《いいとよあおのひめみこ》が、一説によれば天皇になっていたともいわれ、少なくとも執政していた。

これほどの貴女だが、清寧天皇の生前、治世三年秋七月「飯豊青皇女、角刺宮《つのさしのみや》にしてまぐわい（與夫初交）したもう」という唐突な記事が出てくる。結婚したわけではないらしく、相手が誰とも書いてない。そのあとで皇女は「人に語りて曰く」、女のすることの大体は分かったけれど、なにも変わった事ではなかった。おとこ（夫あるいは愛人。男性を指すときはおのこという）を持とうとは思わない、と。

これが「正史」に書いてある話なのだ。

神と人との三角関係とか、処女、それも天皇になったかもしれない貴女が、試しに男と寝てみるとか、そういうことが当たり前みたいに正史に記録されているなど、不可思議としかいいようがない。当時の男女関係は、現代とはたいへんかけ離れていたのである。

しかし「よばい」と呼ばれて、わが国の農山漁村にじつに久しく、明治以後までも残存していた婚姻手続きは、おそらく古代の名残だろうと思われる。

伝統の婚姻習俗「よばい」

「魏志倭人伝」に、倭国では「大人は皆四、五婦、下戸もあるいは二、三婦」だと書いてある。これはいかにも無理な話で、大人即ち上層階級の男が何人かの妻を持つ、というのは「古事記」、「万葉集」、「日本書紀」、どれを見ても明らかだけれど、下戸、つまり庶民の男が複数の妻を持つのは難しいことだ。なぜなら人間は男女ほぼ同数に生まれる種だからである。ごく少数の上層は別として、人口の半分の男性が、人口の半分しかいない女性をそれぞれ複数妻にすることは不可能である。「あるいは」とあるので全部という意味ではないかもしれないが、後に書かれた「後漢書」という書物の「倭伝」に、「国（倭国）には女子多く、大人は皆四、五妻あり、その余もあるいは両、あるいは三」とある。これは「魏志倭人伝」の引用で、女子が多くないとつじつまが合わないから、「女子多く」を付け加えたのであろう。

中国人は男が複数の妻を持っていると思ったのだが、じつは女も複数の夫を持っていたのである。これがわが国伝統の複婚制で、男が夜だけ女の家に通う「妻問い」から始まり、何度かパートナーを取り替え、最後に一夫一婦に納まる。しかしその後も離婚・再婚はしばしば行われた。

妻問いの段階では複数の女に通うし、ほかの男に取られたり、振られたりという流動期なので、妻が何人かいるように見え、中国人に多妻と誤解されたのである。

唐時代の初めに書かれた「隋書倭国伝」は、すでに日本の留学生などから情報を得ていたと思われるが、「男女相悦ぶ者はすなわち婚をなす」と、日本人は自由結婚をしている、といっている。もっともその前に、「女多く男少なし」と相変わらず不正確なことを書いているけれども、やはりそう考えないと、つじつまが合わなかったのだろう。

こうした男女関係は「よばい」という婚姻習俗として、農山漁村の庶民の間にはかなり最近まで残っていた。それが記紀万葉の男女関係の、色濃い名残であることは、おそらく間違いあるまい。

「よばい」はじつに昭和三四（一九五九）年、民俗学者瀬川清子が沖縄を調査したときにも、確認されているのである。パートナー選択段階である妻問いの期間は長く、子どもを連れて嫁入りする女性も多かったという。

沖縄ばかりでなく、よばいによる婚姻はかなり近年まで日本各地で行われていた。瀬川清子は明治二八（一八九五）年に秋田県で生まれ、昭和五九（一九八四）年に亡くなった人だが、東洋大学専門部倫理文学科の出身で、柳田国男に師事、民俗学の研究者として多大な業績をあげた。前代の女性生活を探るフィールドワークを通じて、多くの貴重な報告を著書として残している。

その名著『婚姻覚書』（一九五七）には、よばいによる婚姻の実態が詳しく書かれている。大正から昭和初年の採集でまだ経験者がおおぜい残っていたのである。

「よばい」は古語であり「呼ばふ」という動詞の名詞化で、男が女を求める動作を表している。求婚の意である。後世語源が忘れられて、「夜這い」と書いたりして淫らな感じばかりが残ったが、もともとは広く行われていた正式の婚姻手続きであった。その特徴は、自由恋愛で始まること、性関係を伴った選択期があり、男女共に複数の相手を経験してから、一夫一婦に納まることである。

瀬川の採集では村内に若者組（男）、娘組（女）などの組織があり、集団交際から始まって、合意した者が性関係を結ぶというルールになっている。

古代の婚姻がよばい結婚に非常に近いことはたしかだが、初めは若者の組織などなくて、もっと原始的なものだったかもしれない。『婚姻覚書』のなかに、こんな話が紹介されている。

「土佐国高岡郡津野山郷北川村大古味部落の村民は、江戸時代末葉まで、世間でいうところの結婚なるものを知らず、ただ少壮の男子が、夜間婦女のある家に泊まりに往くのみで、もとより一定の夫婦というものはかつてなく、今夜と明晩の夫は異り、前夜と翌晩の妻はさらにかわるという有様であった。それ故に女子を持てる家には相続人あるも、男子を持てる家には相続人とてなく、一部落二〇戸の民家は、ことごとく親戚なるか他人なるかほとんど区別もつかぬような生活を続けてきた。それを文久年間（一八六一〜六四）北川村の庄屋吉村寅太郎が村人を諭し、一時に一九組の夫婦をつくり結婚式をあげさせた（東京人類学雑誌第三〇巻第二六号）」

もう明治維新が目の前という一九世紀、このような婚姻習俗が残っていたのである。瀬川はそれを不思議としながらも、「私どもは古い時代の文学では、案外そういう婚姻の類型をみなれているのではなかろうか」と言っている。古事記万葉の昔、女と男はこうした自由というか、流動的というか、パートナーが複数いる婚姻生活を送っていて、そのなかであの美しい恋歌をやりとりしていたのではないだろうか。

女の仕事と経済力

古くは嫁入りということがなく、結婚の儀式も婿入りのみであった。女が実家に一生とどまり、子どもも育てるわけだから、「親が養うのか、それはたいへん」と思われるだろう。上層は財産があるからそれを譲ればいいわけだが、庶民はどうしたのか。

瀬川が採集したよばい結婚では、娘を嫁にやりたがらない例が多い。婿が「いいかげんに来て欲しい」とせがむので、家出をして嫁に行く話さえある。娘の親はただ養っているのではなく、家に必要な労働力なので惜しむのである。機械化されない昔の農業では、嫁を迎えれば「テマ（働き手）を取られておめでとうございます」と祝われるほどで、とにかく人手が貴重であった。子どもも大事な将来の労働力であるから、婿の家にはやりたくない。瀬川の見た大正から昭和の初めでさえ、娘のテマは惜しまれた。

では数千年の歴史を経るあいだ、農業国であったこの日本で、女手が果たしてきた役割とはどんなものであったのか。

わが国は温帯にあるといっても、腰布一枚で冬を越せる気候ではない。南北に長い島なので、北の方は相当な寒さになるし、南でも裸では暮らせない。それなのに衣類の材料に乏しかった。まず羊がいなくて羊毛がない。またもめんもなかった。古代、木綿と書いて「ゆふ」と読んだのはコウゾ、カジという樹木の皮からとった繊維である。樹木皮の繊維ではフジ、シナなどもあり、クズのつるからとる繊維も用いられた。いずれも硬くて人の肌に着けるには難点があったが、それでも着けていたくらいの乏しさで、きものとして適した繊維は絹と苧麻《ちょま》（カラムシともいう）しかなかった。ちなみに苧麻は大麻とともにアサと呼ばれるが、別種である。大麻は硬くて着物にはあまり適さない。衣料にならないわけではないが、主に縄や紐、網のような物に用いられた。

歴史学者永原慶二は、古代以来の衣料の社会史を研究している。平成一六（二〇〇四）年に八一歳で亡くなった彼の最後の著書がその集大成で、『苧麻・絹・木綿の社会史』（二〇〇四）である。以下本書をたどって、古代女性の労働の実態を述べてみよう。

これら乏しい材料による衣類の調整は「女性労働に依存するところが圧倒的に大きかった」と永原は言う。木の皮を剝いでくるとか、苧麻の茎から繊維部分をこそげとるとか、男が参加する仕事も少しはあるが、繊維を撚《よ》り合わせて糸を作り、整経など織機に掛かるよう整理して、経糸《たて》に一本一本緯糸《よこ》を打ち込んで織るのは女であった。機織りというと最後の織るところのみ、思い浮かぶだろうが、糸を作るのが最も長時間を要するし、整えて経糸を機に掛ければもうできあがったようなものだというくらいで、それまでが容易なことではないのだ。福島県昭和村で、現在も行われている苧麻布（上等の夏のきものにする上布）作りをビデオで見たことがあるが、恐ろしいほど根気の要る作業で、織り上がった布は一反一〇〇万円から五〇〇万円もするという。それでなければ人件費が出ないのである。

もちろん古代の苧麻布は、昭和村の「上布」のような精巧なものばかりではなく、自家

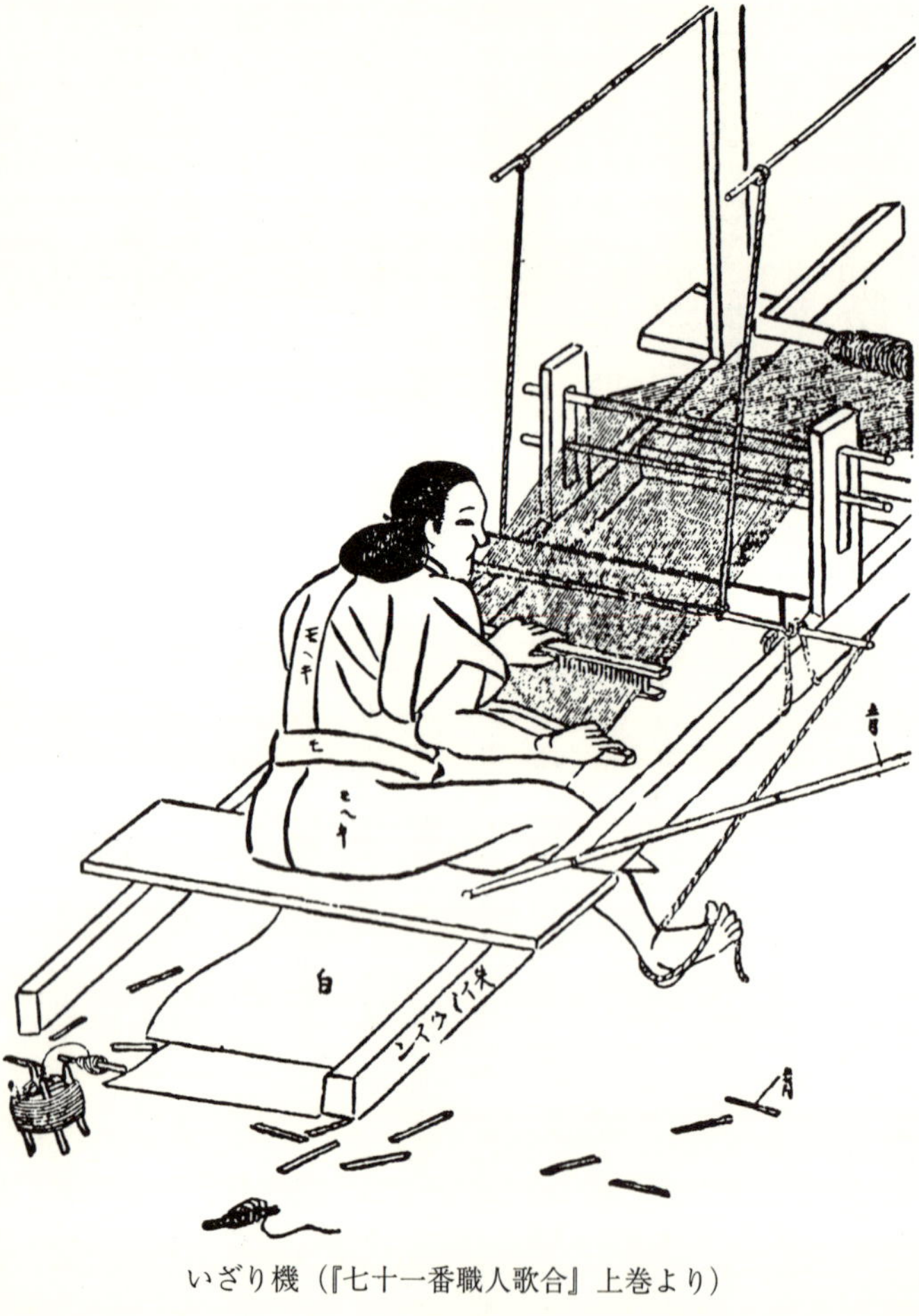

いざり機（『七十一番職人歌合』上巻より）

用など雑な織りだったに違いないが、糸を作って織る手順は同じだろう。しかも昔は「いざり機《ばた》」という原始的な織機で織っていたので、手足と腰が織機の一部になっており、始めたら最後、数時間は機から下りられない。つらい労働であった。

布は税であり貨幣であった

古代、律令制時代の苧麻布は自家用に織る物と、貢納（税）する物と、商布（タニ）といって郡や国に買い上げてもらう物と、三種類があった。貢納する物は規格がやかましく、家で織った余りなど出すわけにはいかない。永原によれば役所や土地の豪族が工房を持ち、腕のいい織り手（女性）をそろえて生産したという。それを貢納するかわりに、法制上の名義納税者は米を主として、その他塩やさまざまの食材など、生産物を租税として納めさせられた。この交換（代納）で工房側（役所や豪族）は、おそらく儲かったのであろう。納税名義人は正丁という壮年男子と、次丁という老人男性、中男という若者で、名義的には女性の負担はない。しかし作るのは女性である。貢納品の織り手女性は、工房に勤めて（隷属して）おそらく専門化したから、生活は保証されたであろう。

先に述べた商布はタニと訓《くん》じ、貢納品ほど規格が厳重でなく、民間で生産して持ち込み、

表1－1　位階俸禄表

<table>
<tr><th>資人《とねり》</th><th>馬料《まりょう》</th><th colspan="4">季禄《きろく》</th><th colspan="4">位禄《いろく》</th><th>位封《いふう》</th><th>位田《いでん》</th><th></th></tr>
<tr><th>（人）</th><th>（貫　匁）</th><th>鍬（口）</th><th>布（端）</th><th>綿（屯）</th><th>絁（疋）</th><th>庸布《ようふ》（常《じょう》）</th><th>布（端《たん》）</th><th>綿（屯《どん》）</th><th>絁《あしぎぬ》（疋《ひき》）</th><th>（戸）</th><th>（町）</th><th>（位）</th></tr>
<tr><td rowspan="2">100</td><td rowspan="2">50</td><td rowspan="2">144</td><td rowspan="2">100</td><td rowspan="2">30</td><td rowspan="2">30</td><td rowspan="2"></td><td rowspan="2"></td><td rowspan="2"></td><td rowspan="2"></td><td>225</td><td>80</td><td>正一</td></tr>
<tr><td>195</td><td>74</td><td>従一</td></tr>
<tr><td rowspan="2">80</td><td rowspan="2">30</td><td rowspan="2">100</td><td rowspan="2">60</td><td rowspan="2">20</td><td rowspan="2">20</td><td rowspan="2"></td><td rowspan="2"></td><td rowspan="2"></td><td rowspan="2"></td><td>150</td><td>60</td><td>正二</td></tr>
<tr><td>128</td><td>54</td><td>従二</td></tr>
<tr><td rowspan="2">60</td><td rowspan="2">20</td><td>80</td><td>42</td><td>14</td><td>14</td><td></td><td></td><td></td><td></td><td>98</td><td>40</td><td>正三</td></tr>
<tr><td>60</td><td>32</td><td>12</td><td>12</td><td></td><td></td><td></td><td></td><td>75</td><td>34</td><td>従三</td></tr>
<tr><td>40</td><td rowspan="2">7</td><td>30</td><td>22</td><td>8</td><td>8</td><td>350</td><td>50</td><td>10</td><td>10</td><td></td><td>24</td><td>正四</td></tr>
<tr><td>35</td><td>30</td><td>18</td><td>7</td><td>7</td><td>300</td><td>43</td><td>8</td><td>8</td><td></td><td>20</td><td>従四</td></tr>
<tr><td>25</td><td rowspan="2">5</td><td>20</td><td>12</td><td>5</td><td>5</td><td>240</td><td></td><td>6</td><td>6</td><td></td><td>12</td><td>正五</td></tr>
<tr><td>20</td><td>20</td><td>12</td><td>4</td><td>4</td><td>180</td><td></td><td>4</td><td>4</td><td></td><td>8</td><td>従五</td></tr>
<tr><td></td><td rowspan="2">2500</td><td>15</td><td>5</td><td>3</td><td>3</td><td></td><td></td><td></td><td></td><td></td><td></td><td>正六</td></tr>
<tr><td></td><td>15</td><td>4</td><td>3</td><td>3</td><td></td><td></td><td></td><td></td><td></td><td></td><td>従六</td></tr>
<tr><td></td><td rowspan="2">2350</td><td>15</td><td>4</td><td>2</td><td>2</td><td></td><td></td><td></td><td></td><td></td><td></td><td>正七</td></tr>
<tr><td></td><td>15</td><td>4</td><td>2</td><td>2</td><td></td><td></td><td></td><td></td><td></td><td></td><td>従七</td></tr>
<tr><td></td><td rowspan="2">2200</td><td>15</td><td>3</td><td>1</td><td>1</td><td></td><td></td><td></td><td></td><td></td><td></td><td>正八</td></tr>
<tr><td></td><td>15</td><td>3</td><td>1</td><td>1</td><td></td><td></td><td></td><td></td><td></td><td></td><td>従八</td></tr>
<tr><td></td><td rowspan="2">2050</td><td>10</td><td>2</td><td>1</td><td>1</td><td></td><td></td><td></td><td></td><td></td><td></td><td>大初</td></tr>
<tr><td></td><td>5</td><td>2</td><td>1</td><td>1</td><td></td><td></td><td></td><td></td><td></td><td></td><td>少初</td></tr>
</table>

注：女子の位田は男子の 2/3，位禄は男子の 1/2。

役所側は米を出して交換した。公定価格ではあったが、織り手もいくらかの利益になったのだろう。なにしろ政府は役人の給料に布を出しているくらいで（表1-1、位階俸禄表参照）、広く集める必要があった。貢納品だけでは足りず買い上げもしたのである。

いわば布は米と共に貨幣代わりであった。給料にもなり何とでも交換することができた。それを作る女性労働が貴重でないはずはない。

俸禄表にある絁《あしぎぬ》という織物は絹のことで、悪し絹、粗末な絹を指す。桑の葉を餌として蚕を飼い、繭を作らせて糸をとるものだ。絹は上層専用の織物として相当の需要があったが、永原によればこれも民間の手には負えなかった。近世以後の養蚕は年に三度も繭をとれるほど、桑や蚕種が改良されたが、古代には年に一度、それも田植えとぶつかる五月にしかとれなかった。それだけでも農民には不可能だし、必要な道具類も彼らは持っていない。繭を煮て糸をとる技術や、織るための織機《しょつき》もない。絹織物は彼らの生活とは縁のない代物であった。

ではどうしたかというと、官営の工房があり、貴族・豪族もそれぞれ工房を持ち、朝鮮、中国からの渡来人技術者に織り手を養成させて、高級な織物を生産した。それは工房経営者が自家用にする一方、納税名義人の名義で国に貢納され、本人は代わりに米などを納めさせられていた。桑の葉を摘み蚕を飼い、繭を煮て糸を作り、織り上げるまでほとんど女性の手で行われる。男は懸命に米その他を増産して、それで女の作った織物を買わされて、納税しなければならない仕組みである。税の中には労働力を供出する労役というものもあって、男性の負担だったが、これも労役一〇日につき布（苧麻織物）二丈六尺（約一〇メートル）を出せば免じられた。

庶民には絹織物は作れなかったが、蚕を飼って繭をとることはあったらしい。繭を切り開いてのばして真綿を作り、背中に背負ったり、体に巻いたりして防寒具としたので、江戸時代にもめんが普及するまでは、綿といえば真綿（絹綿）のことだったのである。

米だけでなく、布や絹が貨幣として通用したのは、人間食べるだけでなく、きものを着なければならず、必要不可欠だからであろう。上層は貢納させたものを着ればよいが、庶民は家族の女性に作ってもらうほかはない。家族のきもの作りも、女性にとって重い負担であった。

瀬川の著書『きもの』（一九七二）は、明治の初めまで地方で広く行われていた機織り、裁縫の実態を採集したものだが、まだ古代さながらにカジ・シナ・ヤマコウゾ・クズなどの樹皮繊維で糸を作り、織って着ているところさえあった。江戸時代の半ばから、もめんが一般に普及しているが、明治以後でも辺鄙《へんぴ》な地域では、まだそんな古い技術が守られていた。一つには樹皮繊維は丈夫で、もめんよりながもちした。大人は年に三反程度、子どもは一反程度を要したので、それだけはどうしても作らなければならなかったという。

麻苧《あさお》らを　桶に多《ふすさ》に績《う》まずとも
明日着せさめや　いざせ小床に

「万葉集」にあるこの歌は、苧麻の繊維をバラし、つないで糸にする作業を夜なべにしてキリのない妻に、夫が明日着るではなし、もう寝よう寝ようとねだっている場面である。桶は、オボケといって女がいつも側に置き、少しの時間も惜しんで繊維をつなぎ、糸にして繰り込む入れ物である。女に付きものとされ、誰でも携えていたという。じつに女の一生は、きもの作りに明け暮れたのであった。

しかしその労働で社会を支えていたゆえに、女性は実家が離したがらないほどの経済的価値を持っていた。社会もそれを認め、律令時代の班田収受法では、口分田を男性の三分の二の面積与えられた。元になった中国法では、女に支給はないそうである。日本の女は男に養われるのではなく、自分の田を一人一人持つことができた。班田収受法がじっさいにどれほど行われたかは疑問としても、建て前としては女性の経済力が認められていたのである。

上層でも女性の官吏（後宮職員）は、男性の俸給の三分の二をもらっていた。農業社会ではなんといっても男性の腕力、組織力がものをいうから、男性優位になるのは当然である。しかし女性は衣服の調製という、欠くことのできない仕事を独占して、男性の三分の二に当たる経済的自立度を獲得していた。

おそらくこうした女性の経済的実力が、性的自由や、よばい結婚で主導権を持つことや、処女性を問われないことなどと関係していると私は考えている。次章以下それをみてみたい。

第二章　多妻制度を生きる女たち——平安時代

谷崎の随筆にみる昭和と平安期の恋愛観

作家谷崎潤一郎は、「源氏物語」の現代語訳という大業を終えてのち、昭和四〇（一九六五）年の『婦人公論』に「にくまれ口」と題するエッセイを書いている。彼はその中で、「源氏物語」の主人公源氏の君という男が、不実で軽薄で口ばかりうまく、どうにも好感の持てない人間だというのである。「源氏」を現代語訳し、東京大学国文科出身で古典に通暁《つうぎょう》した人の言うことだけに、意外でもあるが説得力がある。

源氏の君が一六、七歳のころ、物語では「帚木《ははきぎ》」「空蟬《うつせみ》」「夕顔」など初めの巻々であるが、彼が一二歳で政略結婚した葵の上と気が合わず、「中の品《なかしな》」、中級貴族の女性たちを相手に恋の冒険に乗り出すところがある。そのときすでに亡母に似ている藤壺の宮という父帝の妻と関係があり、彼にとっては永遠の、秘密の恋人であった。

谷崎はこのあたりを捕らえて、

「当時特別に大切な人（藤壺）を心に思っていたはずである。（中略）そういうお方のことばかりが心に懸っているという一方で、空蟬や軒端《のきば》の荻《おぎ》や夕顔などに手を出すというのからして理解しかねるが、それはまあ許すとしても、ほんの偶然のめぐり合わせでゆくりなく縁を結んだ女どもを捉えて、『年頃思いつづけていました』とか、『死ぬほど焦がれていた』とかいうようなお上手をいうのは許し難い。(中略)そんなことが冗談にも言えるとすれば、それは藤壺というものを甚だしく侮辱することになる。源氏物語の作者は光源氏をこの上もなく贔屓にして、理想的の男性に仕立て上げているつもりらしいが、どうも源氏という男にはこういう変に如才のないところのあるのが私には気に喰わない」と言っている。

さらに谷崎が文句を付けているのは、正妻葵の上や、愛人六條御息所《みやすどころ》の侍女たちと、女君の邸内でいちゃいちゃしていること(もちろん性関係がある)、父の妻への恋は真情だから理解できるとしても、異母兄朱雀院の妻の一人、朧月夜《おぼろづくよ》の尚侍《ないしのかみ》と「不義」をして、それが発端となって「須磨へ流される」のに、「八百万神もあはれと思ふらむ　をかせる罪のそれとなければ」と歌を詠んでいること、などなど、「そんなことが言えたものではない筈」と怒っているのである。

谷崎は「源氏物語」を偉大な文学作品として、認めないわけにいかないとしながらも、「源氏という人間は好きになれないし、源氏の肩ばかり持っている紫式部には反感を抱かざるを得ない」と思ったのであった。

昭和四〇(一九六五)年の時点で、この考え方はさぞ『婦人公論』の読者の共感を呼んだであろう。新憲法下、「両性の合意」により皇太子（当時）が正田美智子嬢（当時）と結婚してからすでに六年、美智子嬢が婚約時に記者会見で語った「ご清潔、ご誠実」という皇太子への印象を述べた言葉が流行《はや》り、恋愛結婚による一夫一婦の生涯の継続が理想とされていた。不実な男源氏の君を、千年の賛美を破って論難した「にくまれ口」は時流にぴったりだった。

谷崎自身は、すでに妻があるのにほかの女性を愛したとき、妻を離婚して愛する人と結婚している。彼は玄人《くろうと》嫌いだったそうだが、一夫一婦制に忠実な人だったことはたしかである。「蓼《たで》食う虫」という作品のなかで、夫婦としての実質が失われた場合は、離婚が「道徳の命ずるところ」だと言っており、真実の愛と性とが結婚生活の要件だと考えている。しかし一方で、この作品の主人公である男は「女は彼にとって神か玩具かのいずれかであって」という考え方の持ち主で、おもちゃとしての娼婦を買う場面がある。作者はそれを不道徳とはまったく感じていないようなのだ。一夫一婦制の裏面に必ず男性の買春があることは、当然、というか原則といってもよい。男性にはほとんど誰にも多妻願望があり、一夫一婦制だとそれを満たすのは買春で、男性の仲間内では広く許容される。道徳的に妻以外の女と寝ない男もいるだろうが、そんな人でも他人をとやかくは言わない。谷崎は明治生まれの進歩的近代人で、裏には娼婦のいる一夫一婦制の信奉者であった。その人の目からは、多妻制下の光源氏の言動はなんともおかしな、理解不可能なものと見えたであろう。

男が女の財力に頼る時代

昭和四〇（一九六五）年のそのときから平成二〇（二〇〇八）年代の今日まで、四〇年以上の歳月を経て歴史研究も文学研究も変化した。今では歴史も文学も、それぞれの時代の人間のものの考え方、生活の状態の細部までも復元を試み、理解することが必要、との姿勢で研究が進められている。谷崎のように、現代人の意識に引き寄せて考えることはなくなっているのである。その観点からすれば、光源氏像もまた別のものになってくる。

紫式部の生きた平安の王朝時代は、一夫一婦制でもなければ夫が妻を養うわけでもなかった。当時の文献にも「妻子を蓄養す」（『日本霊異記』）などとあるけれども、漢文で書くからそうなるので、日本の実態は夫妻互いに養い合っていたのだと思う。前章で述べたように、大多数の庶民は夫は食料、妻は衣料を生産するという共働きでなければ暮らしていけず、上層もそれにならって、妻は実家の財産により夫を援助（「後見《うしろみ》」という）することになっていた。

「伊勢物語」に高安通いの段というのがある。幼なじみの男女が愛し合い、結婚したけれどもやがて女の親が死んで、経済的に行き詰まる。これでは二人ともだめになってしまうというので、男が富裕な女と結婚し河内の国高安というところまで通うようになった。元の妻は少しも恨む様子もなくて、夜な夜な夫を送り出す。夫のほうはもしやほかの男が来ているのではと疑い、ある夜行くふりをして物陰に隠れていた……。結末はともかく、現代の目で見るとまことにおかしな話である。女の親が死んだら貧乏するというのも夫として甲斐性がないし、その解決法としてほかの富裕な女と結婚するというのだから、今ならとてもまともな男のすることではない。

しかし王朝時代の物語を登場人物たちの経済面から見ていくと、男が女の経済力に頼る例が多いのである。源氏の君は一二歳で元服したとき、四歳年上の葵の上と結婚させられる。父帝が「無品の親王の外戚のよせなきにては漂わさじ」と、つまり位のない親王で、妻の実家の援助のないような心細い境遇にはしておけないと考えて、左大臣の姫君と結婚させるのだ。まず妻の家の援助を求めるというところが王朝風なのである。

三人妻を持てば儲かる

平安朝も末期に入った永承五（一〇五〇）年ごろ、藤原明衡《ふじわらのあきひら》という漢学者がいて、「新猿楽記」という京の風俗を風刺的に描いた随筆を著した。主人公は右衛門尉《うえもんのじょう》という衛門府の下級官人で、宮中警護に当たる中間管理職にある男。一家を引き連れて流行の猿楽を見物に出てくる。彼の妻子と娘の夫たち二八人の描写が一編の内容をなし、当時の職業尽くしでもある風俗風刺になっているのだが、妻は三人いるのである。

現在なら三人の妻を持つのは経済的にたいへんなことだろうけれど、右衛門尉は逆であって、まず第一の妻は二〇歳も年上、元服したころ財産家の婿になったのである。その援助で官吏になることができたが、今では彼は四〇歳、妻は六〇歳になってしまって、第二、第三の妻を娶っている。

年上妻は性的には元気いっぱいで、彼が寝てくれないのを大いに恨み怒っているのだが、第二第三の妻も彼に利益を与えてくれる存在であり、けっしてただの色恋沙汰、浮気ではない。第二夫人は同い年、商売もしている金持ちで、彼の装束、車、召使いなどすべて彼女の提供である。その代わり官吏である彼を通じて、なんらかの利益を期待しているか、得ているのだろう。第三夫人は一八歳の美人、彼は首ったけになっているが、彼女とてタダモノではなく、権勢ある貴族に仕えている「女房」、つまりキャリア・ウーマンなのである。その縁故をねらって言い寄ったに違いなく、もちろん彼に養われているのではなかろう。

著者が文中で皮肉るほどその風潮は一般的だったのである。可能かどうかは別として、当時の男ならみな右衛門尉のようにうまくやりたいと思っていたに相違ない。源氏の君の行動も、このような時代の財産関係、相続関係のなかで理解する必要があるのだ。

源氏が、七、八歳年上である六條御息所《みやすどころ》という、前皇太子の未亡人に通い婚をして、正妻葵の上を悩ますところがあるが、彼はそのとき一七歳で思春期の反抗期に当たっている。一二歳で結婚させられた左大臣の娘葵の上とは、あまりしっくりいっていない。六條御息所は身分からして相当の財産家であったのはたしかだ。源氏は左大臣家からの自立志向があって、そこも狙い目だったのではないか。御息所の死後彼女の先夫の娘（秋好中宮）を源氏が後見して、実子である冷泉帝と結婚させ、出世の足がかりとしているし、彼の本邸六條院は御息所の遺邸を中心に拡張したものである。遺邸の部分は中宮の所有だし、また他の相当部分が第二の妻明石の上の所有であろうと推定されている。明石の上は受領階級の娘だが親が大財産を持っていて、源氏の出世を援助し、生んだ娘は中宮（明石中宮）になってこれも源氏の政治的布石とされているのである。多妻は多くの場合経済的利益をもたらすものであった。男の出世はまず女方の援助、それから本人の能力なのだ。

口説く能力が男の甲斐性

源氏の嫡妻は彼が最も愛した紫の上であるが、彼女は身分は親王の娘でも財産を持っていないため、明石の上に嫉妬してしまうし、降嫁した女三の宮の存在に苦悩する。そのコンプレックスとゆううつが物語後半の主調となっており、また源氏の訪婚を一時受けた女性たちのなかで、財産のない者の悲哀がよく描かれているのも目立つ。これは作者の紫式部自身が、そうした境遇を経験したからであろう。

式部の出自は藤原北家、かつては女御や更衣を出した名門につながる家柄なのに、父親は散位（位はあるが職はない）という失業状態が長かったし、女御どころか後に女房として宮仕えをしなければならなかった。彼女のプライドは傷ついた。それは一生の負い目になってしまうのである。女は男を援助する経済力がなければ幸福ではなかったのだ。

谷崎が違和感を持った源氏の君の口のうまさ、多数の女に言い寄って憚らないずうずうしさは、こうした環境の中で育てられた当時の男、とくに上層特有の属性なのである。な

平安貴族の恋愛情趣（日本古典文学会編『絵本源氏物語』1988年，15頁）

にしろ世話になるのだから、女性を大切に扱うという社会慣習があり、男はみなお世辞たらたらで女に対する。女と見れば口説くというのは、今日の好色漢、浮気者というのとは違い、一種の礼儀、ギャラントリー（女性に対する奉仕的態度）なのである。女をいい気持ちにさせるのが紳士のとるべき言動でなければならなかった。

王朝時代には、性行為もお世辞のうちというくらいなもので、現代のように愛の存在を重く問われるような重大事ではなかった。当時の恋愛はちょっと歌のやりとりなどしてすぐ寝てしまう。それから愛の存在が問題になるので、現代人は恨んだり悩んだりの応酬を見てまだ寝ていないと思いがちだが、たいてい実事は済んでいるのである。性行為そのものについては、男女ともに別段の道徳的責任はなく、そこまで含んで口説くのは不徳義でもなんでもないのだ。ちなみに当時は処女性、純潔というものに別段の価値もなかった。

しかしプライドの高い女はオイソレとは応じない。なかなか許さないのが女の値打ちというもので、初めての応酬は必ず断る。それからどこまで断るかで、相手が諦めてしまっては困る場合、どの辺で手を打つかが難しい。男ももちろん心得ているから、逃げるフリをしたり寄ってきたり、お互いの駆け引きが腕の見せ所である。女がさんざん嫌がってみせて、男も「死んでしまう」などと騒ぎ、遠からずなるようになる、というのが多くの場合の実態なのだ。

子どもができたらどうするか、と思うだろうが女側に養育責任があるので男は気楽なものである。子どもを産めば「縁が深い」ということで、二人が結婚に至る可能性は高くなるけれども、べつにそれが義務付けられるわけではなく、別れてしまうことも自由であった。子どもに責任を持つ男は子の母と同居の結婚をした者であって、彼はたとえ自分の子でなくとも責任を持った。

母親が死ぬか、なにかの事情があって子どもが遺されたとき、まず養育にあたるのは母方の祖父母だが、それもない場合は彼女の男の一人が責任を持つこともあった（義務ではないが）。子どもの実父であるときもないときもあり、源氏の君と秋好中宮、玉鬘との関係がその好例だろう。中宮は六條御息所の娘、玉鬘は夕顔の上の娘で、源氏から見れば亡き愛人（当時はそれも妻である）の子だが、ともにほかの男が生父なのだ。子どもを養育する責任者が、現代のように実父、実母に限られていなかったことを知らないと、こういう関係は理解できない。母親や父親が何人もいたりするのである。

とにかく想像以上に、「源氏物語」は現代とは異なった価値観による作品なのだ。大谷崎の「にくまれ口」は、昭和四〇年代の一夫一婦制を反映しているにすぎないといえよう。

恋の道徳の理想

源氏の君は理想の「いろごのみ」であったといわれる。今では「いろごのみ」という言葉自体が、手当たり次第に女を騙す無責任男の代名詞になっている。源氏の時代には男の身勝手が許されたのだとしか考えられないのである。だが「いろごのみ」のもともとの意味はまったく違っていた。

国文学者西村亨に『新考王朝恋詞の研究』（一九九四）という大著がある。冒頭に「いろごのみ――恋の道徳の理想」の章があり、いろごのみが理想の道徳であるとの意外な論考が展開する。古代の大王が日本統一に際して、各地の豪族の姫と結婚し、巫女として姫の祀る地方神を服属させるという、宗教的政策を取ったこと、多くの姫を妻としたので、彼女たちに対して取るべき態度が大王の道徳として望まれたこと、などが要旨である。

その望ましい態度こそ「いろごのみ」であった。それは多数の妻をそれぞれの地位に応じてしかるべく扱い、満足させてごたごたを起こさせない、男の振る舞い方なのである。谷崎の非難する源氏の君の口のうまさは、当時の礼儀にかなっていると同時に「いろごのみ」としての道徳でもあった。

古代の大王が、政略結婚の相手をあたかも永遠の恋人のように扱い、気分よくさせるにはよほどの口のうまさが必要である。下手をすれば姫の一族を怒らせて、戦争か陰謀か、危険な情勢を招くこともあり得る。大王たちはきっと真剣に愛の言葉をささやいたに違いない。服属させるといっても、大王家は圧倒的な武力を持っていたわけではなく、豪族の妥協と連合に依存しつつ勢力を伸ばしていく存在であり、抜きんでた豪族にすぎない。姫は実家の勢力を背景として、相当な力を持って大王に対したであろうし、大王はその実家の援助を必要としていた。政治的力関係がいろごのみの道徳を生んだといえよう。

帝王の資格と魅力

西村があげている「古事記」、「日本書紀」のいろごのみの大王は、大国主命《おおくにぬしみこと》、仁徳天皇、雄略天皇という面々である。ちなみに天皇という名称は七世紀になって使われだしたので、これら古代の天皇は大王を称していたはずである。八世紀にできた記・紀には天皇とあるが。西村はいろごのみの要素として、嫡妻に嫉妬されること、怒りが強力で猛烈なこと、ときに烏滸《おこ》というばかばかしい、こっけいな言動をすること、の三つをあげている。嫡妻に嫉妬されるのはそれだけの魅力があるからだし、強力な怒りは政争や、身分の下の者に女を取られたとき、相手を殺すという形で発動し、それも理想の帝王の資格であり魅力であったという。たしかに大国主命、仁徳天皇、雄略天皇ともにこうした事件を起こしている。とくに雄略天皇は即位に際して競争者の皇子たちを殺害し、日常も怒りに任せて人を殺させたので、大いに恐れられた。

最後の「烏滸」だが、西村は「こっけいでおろかな性格が、なぜ理想の帝王の持つべき要素であるかは、十分に説明し尽くすことができないが、これもやはり優れた人格のひとつの表現であると考えられる」と言うのであるが……。

前章で紹介した仁徳天皇も恐妻ぶりはたしかにこっけいである。おそらく妻の実家に経済的、政治的に世話になっているため、恐妻家になっていたのではないだろうか。魅力があるから嫉妬されたというよりは、豪族の姫を尊重せねばならない立場として、うまく立ち回るべきところを、つい失敗してあわてふためくこっけいさだという解釈もできるのではないか。

雄略天皇は勇猛で、各地の姫を娶ったいろごのみであった。前章で「赤猪子」という乙女と婚約したまま忘れてしまい、六〇年以上経ってから、婿引き出物を持って訪ねてこられるエピソードを出したが、これもこっけい談である。

これらのいろごのみの三要素と伝説は、西村の説による「優れた人格の表現」というより、いろごのみ道徳の実行の難しさ、失敗が稀でないことを示しているのではないだろうか。多くの妻を満足させるのはなかなか大変なことで、体を使っていては身が持つまい。分身の術などあり得ず、一人一人にくっ付いていることもできない。いきおい顔を合わせたときに、巧みな言葉で機嫌を取るほかないのである。およそ道徳で守りやすいものなどないだろうけれど、いろごのみ道徳はなかでも困難だったに相違ない。嫉妬されるのはもちろん失敗だし、誰彼なく愛をささやいて、とんでもない女に行き当たり（源氏では末摘花、源典侍の挿話）、振り回されてあたふたするいろごのみ男は「烏滸」、こっけいなのだ。

にもかかわらず、「いろごのみ」は古来から日本男性の理想のタイプであったので、男性自身の理想でもあるがそれ以上に女性の理想であった。現代女性には不可解なこの心理は、これから解説するが、紫式部をして「源氏物語」を書かしめた、創作の原動力ではないかと思う。

紫式部が愛した男

上古（記紀の時代）には「いろごのみ」という語はまだなかった。平安朝（中古）になって現れてくるのだが、初期の「伊勢物語」ですら、手当たり次第に異性に手を付ける、といった悪いイメージで使われている部分がある。昔ながらの恋の帝王の、高貴な道徳ではなくなっているのである。それより時代の下った「源氏物語」ではもちろんで、源氏のいろごのみぶりを語り手は折にふれ「悪いお癖で」といったふうに非難している。作者がそう思っていたに相違ない。しかし「源氏」・「伊勢」はともにいろごのみの賞讃談、顕彰談ではある。いろごのみという語が現れた中古は、往時の恋の英雄を讃える気分はまだ濃厚だが、同時に女性がそれを忌避し始めている、という段階だったのだろう。「いろごのみ」はいわば亡き英雄への諡号《おくりな》なのである。

紫式部は一時代前の、「いろごのみ」というすばらしい男のタイプをしっかり書き残そうとしたのではないだろうか。

彼女が結婚した藤原宣孝《のぶたか》は、はなやかな男ぶりを大斎院前御集《だいさいいんさきのぎょしゅう》の女房たちの歌や、「枕草子」によって知られる人で、やはりいろごのみタイプだったのだ。『紫式部』（岩波新書）の著者清水好子の研究では、彼女が一〇代の頃に歌を贈った初恋の人でもあるらしい。女側から歌を贈ったりすれば交際を許すことになるので、好きでなければしないことである。当時彼は小娘の挑発に乗らなかったが。

結婚したのは式部が二五歳ごろ、宣孝は四〇歳を過ぎていたし、何人かの妻があった。けれどもこの結婚は、婚期を逸した女の妥協などではなさそうだ。

当時は婚期の幅が、一〇代前半から三〇代に及ぶほど広かった。これは再婚・再々婚、結婚に至らない恋愛関係などが多かったからだろうが、二五歳が並外れて遅いわけではない。二〇代以後の結婚ならば、それ以前に相当の経験があるのがふつうで、いわゆるオールドミスとは違うのである。式部は恋愛経験もあった上で、結局初恋の相手をめでたく手に入れたわけだろう。多妻制のもとでは、ほかに妻がいるのは問題ではなかったし、いろごのみを好む式部が、女もいない男など相手にするはずがない。従来行き遅れ娘の妥協的結婚だなどという解釈があったが、大正・昭和に生まれた老人の「常識」によるものだろう。

今も昔も結婚にはいくばくかの利害の計算が付随する。もう少女ではない二〇歳過ぎの式部に、道長側近の能吏である宣孝に対してなんらかの思惑はあったにしても、やはり相手は多妻のいい男だったのである。こうした貴族たちの婚姻圏は相当狭いもので、お互い身分のつりあいを問題にするから、限られた家同士で結ばれるほかなく、血統が網の目のようにつながっている。血族結婚も多い。式部と宣孝もまたいとこに当たる。だからよく出入りしていて、お互い知り合っていたらしく、初恋の対象にもなったのであろう。当時男が女の顔を見ることは、貴族階級ではなかなか難しかったが、女のほうは簡単に見ていた。簾に隠れている女から、簾外にいる男はすっかり見えてしまうのである。男は侍女の同意を得て、ものかげからそっと覗くかいまみ（垣間見）以外に結婚前に女の顔を見ることはできなかった。こういう習慣のなかで、二人の間になにがあったか？　式部がおそらく一〇代の頃、贈答した歌がある。

方違《かたがた》へにわたりたる人の、なまおぼおぼしきことありて、帰りにける翌朝、朝顔の花をやるとて
おぼつかなそれかあらぬか明《あけ》ぐれの　空おぼれする朝顔の花
返し、手を見分かぬにやありけむ
いづれぞと色分くほどに朝顔の　あるかなきかになるぞわびしき

かいまみをした男に、「いったいあなたは誰？」と、知っていながらからかう女。「お嬢さんは二人いらっしゃるはず、これはどなたのお歌でしょう」と、とぼけて逃げる男。式部にはさして年の違わない姉がいたのだ。

お互い一筋縄ではいかない式部と宣孝ではあった。

「伊勢物語」にみる恋愛の極意

「源氏物語」に先行する「伊勢物語」の時代に、古代のいろごのみの三要素のうち、勇猛は抜け落ちる。世は平和となり、仏教の殺生戒の影響、神道でも血を忌むことがはなはだしくなって、法律上死刑があっても行われないほどだった。恋敵を殺すなど貴紳のすることではない。

美男の代名詞にさえなっている在原業平は、前代のいろごのみの系譜を継ぐ王朝初期の貴公子である。彼は桓武天皇の皇女伊登《いつ》内親王と、平城天皇の皇子阿保《あぼ》親王の間に生まれた。臣籍に下って在原の姓を賜ったが、父も母も親王なので最高の毛並みである。当時有名な歌人で、歌は「古今集」に多く採られているが、それらをつなぎ合わせて歌物語としたのが「伊勢物語」だ。嫡妻の嫉妬という要素は業平の場合見当たらず、「伊勢」によれば多妻というより恋多き男であった。伝説では一二人の女性と関係があったといわれているが、うち有名なのは清和天皇の皇后藤原高子《たかいこ》、文徳天皇の皇女で伊勢斎宮であった恬子《やすこ》内親王だろう。伊勢斎宮は未婚でなければならないが、彼女は禁忌にもかかわらず業平と愛し合った。これらの話は本人たちの歌があるので伝説にしても本当らしく見える。

真偽のほどは別として、「伊勢物語」はいろごのみの教科書といってもよい物語である。業平の行状としてここで説かれているいろごのみ道とは、情熱的であること、うまいことを言って女を喜ばすこと、その「うまいこと（業平の場合には主に恋歌）」が真に迫った愛情の表現に見え、しかも趣味よく優雅であること、が求められているのである。そして「思うをも思わぬをも（好きな女も嫌いな女も）」差別なく愛してみせ、うまいことを言うのをいろごのみの必要条件としているのだ。谷崎潤一郎がいやがった不実な態度そのままが、当時の価値観では称揚されているのである。差別なく愛をささやくというのは、先にも述べたが政略的に多妻でなければならなかった古代の大王が、政略的に求められた道徳であった。それがこの時代にも生きていたわけで、たしかに多妻であれば、こうしなければとても治まらなかったであろう。ことに経済的に世話になっている場合には。

当時の男は習い性になっていて、女と見ればうまいことを言ったらしい。それが高ずると、西村がいろごのみの要素としてあげている第三の条件、「烏滸」の出番、こっけい談になるのである。「伊勢物語」では「九十九髪《つくも》」という段がある。

九十九髪は、一〇〇歳に一つ足らない髪の意で白髪のことである。白髪の老女が「世ごころ」がついた。恋人が欲しくなったということで、三人の息子に夢にかこつけてほのめかした。上の二人はてんで相手にしてくれなかったが、末息子が「なんとかしてあげたい」と考え、「どうせなら天下のいろごのみに」と、狩り場で業平の馬を止めて頼み込んだ。業平は例の「思うをも思わぬをも」愛するいろごのみぶりを発揮して、行って老女と寝たという話である。女に言い寄られればこういう反応をするのが、いろごのみ道の極意なのである。

現代と異なる愛のルール

「源氏物語」では一九歳の源氏が、四〇歳ほど年上の源典侍《げんのないしのすけ》という高級女官といい仲になるところがある。この女性は名前からして皇統を引く身分であろう。しかし男好きでしょっちゅう誰彼と噂のある人だった。

断っておくが当時の後宮は男子禁制ではない。女房の局に男（夫・愛人）が泊まり込むことは当然とされていて、怪しむ者はなかった。「枕草子」二八段に、「暁に帰る人の」で始まり男女の朝の別れ方について述べたところがある。男は朝、暗いうちに出て行く習慣なのだが、支度をするのに扇などの持ち物を探してあちこちたたき回したり、ばたばたとあわてふためいて着物を着たりするのを「いと憎し」と言っている。また三〇七段では宮仕えの女のもとへ来る男が、そこで食事をするのを「憎し」と言い、喰わせるほうも憎い、自分なら「湯漬けだに喰わせじ」とある。恋愛の情趣を壊すからだろう。はなはだ具体的で、身近に見ていたに違いないと思われる描写である。近隣の局でやっていたことなのだろう。源氏も内裏で源典侍と寝ている。いくらなんでもふさわしくない相手で、これもいろごのみこっけい談である。

源氏と源典侍の仲について、父の桐壺帝が「好き心なしと常にもてなやむめるを、さはいへど過ぐさざりけるは（女房たちが、源氏を好き心がないと心配していたが、どうして、やってるじゃないか）」と「笑はせ給」うた、とある。父親が息子のこうした行動を、まったく肯定的に見ているのである。「好き心」が、当時の価値観では男として持つべきものと思われていたことが分かる。しかしそのすぐ前に、桐壺帝は源氏の素行をとがめており、彼が正妻葵の上をさしおき、ほかに誰か女をこしらえているらしいのを「どうして人に恨まれるようなことをするのか」と非難している。一見矛盾した話のようだが、これも当時の愛のルールによって解釈しなければならない。

一夫一婦制の現代では、夫に愛人ができれば不倫であり、妻の敵である。しかし一夫多妻の時代では考えが違う。夫の愛人すべてが妻の敵ではなく、妻の座を奪う者だけがそれなのであった。妻と身分が匹敵する人、あるいは財産が勝っている人、など、争ったら負けそうな相手に対してのみ、敵だという認識を持つ。嫉妬もそういう相手に対しては激し

女君の侍女との関係は禁忌ではなかった（日本古典文学会編『絵本源氏物語』1988年，27頁）

いが、自分より劣った者ならばそれほどでもない。現代では想像のほかだが、自分の侍女に夫が手を付けた場合など、まったく平気であったりする。谷崎は呆れているが、これはルール違反ではなかった。むしろ女君を囲む女たちの集団で、協力して男を惹きつける、という意味合いがあったらしい。

正妻葵の上の侍女にも源氏は手を付けている。この侍女は主人側の機嫌を損じており、冷たくされた正妻の恨みが侍女にまでいっているのだが、ふつうはそれほどではない。一方、源氏の愛人六條御息所は嫉妬深く、生き霊になって葵の上を取り殺したくらいだが、源氏が手を付けている自分の侍女には嫉妬していない。

正妻葵の上と六條御息所は身分も財産も拮抗している。こういう関係が仇同士になってしまうので、実家の権力において勝る葵の上が、賀茂祭り見物の折に「車争い」で御息所の車を押しのけたため、深い恨みを買うのである。

正妻・本妻・妾妻

源典侍のように四〇歳も年上のしかも女官では、正妻葵の上にとって敵ではない。桐壺帝がこのとき問題にしたのは紫の上で、それが誰とは知らなかったけれども、源氏が「人迎へ給ふなり」という噂を聞いたためなのだ。ふつう正式に結婚した最初の妻が正妻で、やがて夫の家に迎えられて同居しムカイメ（嫡妻）となる。妻の家に夫が住み着く場合もあるが、どちらにせよ同居するというのは、一番重んじられた妻だということである。正妻葵の上はまだ実家の左大臣家にいて、源氏はなかなか住み着かず、自邸に引き取りもせず、名実ともにムカイメにはなっていない。そこへ「人迎へ給ふなり」という噂で左大臣家は気を悪くし、帝にもそれが伝わったのである。紫の上は保護者の祖母に死なれて、源氏が母方から伝領した彼の本邸、二条院に引き取られていたが、まだ子どもで源氏と結婚しているわけではなかった。それが誤解されたのである。

正妻（嫡妻）は一人である。正妻と身分が等しい他の妻は本妻といい、これは複数いることがある。身分が劣る妻は妾妻で、これも複数いたりする。女君の召使い（女房）に男君が手を付ければ妾妻だが、身分は召使いのままである。身分が違えばお互い嫉妬しないのがルールなのだが、いろいろ感情のもつれなどあって、事情により嫉妬も起こる。しかし現代人が想像するほどではなく、平気な場合も少なくない。女君が侍女に嫉妬しないのは、人事権を持っていて、気に入らなければクビにすればよいから、ということもあるだろう。

この複雑な多妻間のすったもんだを、うまくさばいて嫉妬を起こさせない、というのがいろごのみの「道徳」なのである。極意は、とにかく向かい合ったらうんとサービスして、それぞれの妻を満足させること、仇同士にならないように、身分や財産の拮抗した妻を複数持たないで上下の序列をつけること、という点に尽きるだろう。

源氏の女関係を当時の愛のルールに照らして見ると、なかなか興味深い。彼がいろごのみとして相当よく努めているにもかかわらず、ときに大失敗をやっていることも分かる。いろごのみの道徳を全うするのはたいへん難しいことなのである。

「源氏物語」では、やたらギャラントリーを発揮する源氏を、作者はしばしば悪く言っている。平安も中期、もう手放しで褒める時代ではなくなっているのだが、いろごのみという男のタイプはやはりあこがれを持って語られていた……そういう過渡期の作品なのであろう。

素敵な男を年一度でも通わせて

現在、熟年の男性が愛人を持つ場合は、一夫一婦で長年やってきて五〇歳前後にもなり、もはや残された時間は長くない、今一度は恋のひと花を咲かせてみたい、という心理によるのであろう。一夫一婦制下、彼らの若いときはそう自由ではなかったために渇望があるのだ。しかし平安の昔には、男女ともに若いときは恋愛も性行為も自由であった。夕顔、空蟬、軒端の荻、朧月夜らの、愛人たちが若い源氏とたちまち寝てしまうのは当然で（皆源氏より少し年上である）、それが許される時代であったのだ。

一方男は若いときさんざん経験しているので、働き盛りには案外一人の妻で納まる例も多かったようだ。源氏にしても、六條院に愛人たちを集めたとはいえ、実質的に妻であるのは紫の上と明石の上の二人なのだ。花散る里はそれに次ぐが、年に何回かの夫婦関係であろう。娘分の玉鬘に際どい戯れをしたり、あの源典侍が七〇歳を過ぎて現れたときさえ、ついうまいことを言ってしまう源氏なので、生涯お盛んだったように見えるけれども、実態はそれほどではないのである。

「更級日記」は菅原孝標《すがわらのたかすえ》の娘の自伝である。彼女の父は、かの菅原道真の五世の嫡孫であった。しかし学を好むわけでもなく、平凡な地方官として終始した。母親はというと、「蜻蛉日記」を書いた藤原倫寧《ともやす》の娘（道綱の母）の異母妹である。姉の道綱の母は、本朝三美人の一人といわれ、歌人として有名であり、「源氏物語」に先行する傑作「蜻蛉日記」を書いているのだが、妹のほうはまったく平凡で消極的な女性にすぎなかった。その娘は「更級日記」を書き、さすがに天神様の末裔、道綱の母の姪だけのことはあったのだが、「更級日記」には著者が理想の結婚について述べたくだりがある。

「いみじくやむごとなく、かたちありさま物語にある光源氏などのようにおはせむ人を、年に一度にても通はし奉りて、浮舟の女君のように、山里に隠し据へられて、花・紅葉・月・雪を眺めて、いと心細げにて、めでたからむ御文などを、時々待ち見などこそはせめ」

そもそも彼女の階級（受領階級、中級貴族）では、高貴の人の嫡妻や本妻になることは難しい。それならば「年に一度」しか通っていただかなくてもよい、そういう人の妻になりたい、というのが彼女の理想なのである。多妻制のもとでなければ、こんな考えは出てこない。高貴な男君は身分にふさわしい妻を持っている。しかし年に一度くらい通うところもあるだろう。年一度の妻になら、自分でもなれそうだ。

もちろんその男君は「いろごのみ」でなくてはならない。歌がうまく、すばらしい手紙をときどきよこして「いと心細げ」な彼女を慰めてくれ、訪問してきたならば風雅な話題を取り交わし、心にしみるような歌を贈ってくれなくてはならない。そういう男君を待ちに待って、わびしく月・雪・花を友として暮らす。情趣満点な結婚生活、というわけだ。現代でいえば愛人生活で、本人がやむを得ずそうしているということはあっても、娘たちの結婚の理想にはあてはまらないであろう。これが中級貴族の若い姫君の考えというところに、いろごのみを愛する当時の女の心理が表れている。

夫を共有する女たち

多妻制のよさといおうか、便利なところといおうか。一人の男を複数の女が所有できるのである。一夫一婦制ならば妻以外の女はみな非合法だが、多妻制ならばすべて合法である。「かたちありさま」優れた男、しかもいろごのみで女を大事にする男なら、一人の女に独占させておく手はないではないか。

当時の女が平気で既婚の男の妻になるのは、おそらく共有の感覚によるのである。ルールは守らなければならない、他の妻の立場や身分を尊重しなければならないが、いい男なら結婚したい。紫式部の結婚もそんなところだったのであろう。

二人の仲は先述の垣間見事件の後、数年発展がなかったらしい。式部の父藤原為時は、花山天皇の蔵人であったが、(宣孝も蔵人で同僚だった)天皇が政争に敗れて退位したため職を失い、一〇年間散位(位はあるが職はない)という状態でいた。宣孝のほうはまもなく筑前守《ちくぜんのかみ》になっている。

俸給は位に付いているから、職がないと収入は減るにしても(職業によって得られる収入はなくなる)、現今の失業と同じではない。しかし羽振りが悪いには違いないので、娘たちによい縁談はなかったであろう。父の母方をたどれば、曾祖父の代には女御、更衣を出した家柄の誇りがある。娘のほうもプライドがあるからそんなときにやってくる男は好まない。当時のことだからアバンチュールの一つや二つ、なかったとはいえないけれども。

式部・宣孝の間に応酬が始まるのは父親が長い失業からようやく抜け出して、越前守《えちぜんのかみ》になってからである。すでに姉は亡くなっており、式部は父に同行して越前の国へ行っている。

その越前へ宣孝は、からひと(中国人)が滞在しているのを「見に行く」と口実を付けて、訪問しようと言い送った。恋愛初期のやりかたとは思えないので、「紫式部家集」には載っていないけれども、それまでに歌、文の贈答があって、煮詰まった段階だろうと清水は推察する(『紫式部』岩波新書)。父為時が越前守に任命されてから、赴任するまで準備に半年を要しており、その間に交渉があったのであろう。この時期になって二人の仲が接近したのは偶然とは思えない。清水は経済問題にはあまり触れていないが、越前は大国で、その国守になればそうとうの利益が見込まれる。国には大、上、中、下の四等級があり、大国の国守は最高である。父親が浮かび上がったところで、娘のプライドも回復し、彼と対等に渡り合える立場になったことがこの恋愛を進展させたのではないか。

「いろごのみ」を共有する女には、身分財産が相手の男に劣らないことが求められるのだ。

天皇は古代の大王と同様、政策として多妻でなければならなかったが、妻たちはみな権力者の娘で、天皇とは持ちつ持たれつの関係にあった。だからこそ公平を期して、いろいろな政治勢力から妻を迎えるわけである。

「多妻は男にとって経済的に利益になる」ことは前述したが、そうした事情の上にいろごのみのギャラントリーと、女側の共有感覚が育ったといえる。「更級日記」の作者にしても、父親はあまり振るわなかったように書いているが、彼女の一〇代から三〇代までの間に上総《かずさ》の国、常陸《ひたち》の国という共に大国の国守になっている。政界でときめいたわけではないが、経済的な基盤はそれほど弱くはなかったであろう。だから「年に一度にても通はせ奉り」などとのんきなことを言えるので、女が男に養われる身では、平気で他人と共有はしていられない。自分の取り分が何分の一かになってしまう。十分な経済的背景を持って、すばらしい男を共有するというのが、当時の上流女性の理想であり、「更級日記」の作者の夢でもあったのだ。

多妻制の勝者と敗者

先述の「蜻蛉日記」は、「藤原道綱の母」なる女性の自伝で、一夫多妻制下の妻の苦しみを赤裸々に書いたものだといわれる。ここには夫の不実に悩む、はなはだ主観的な彼女の感情のみが縷々《るる》綴られているので、一夫一婦制の現代から見ると多妻制の矛盾を感じさせられてしまうのだが、当時の貴族社会の現実に照らすとまた別の見方ができる。

これはシンデレラ物語なので、著者は中級の受領階級の娘でありながら、「日本三美人の一人」といわれた美貌、天才歌人の名声、おまけに現代でいえば服飾デザイナーの才能まで謳われていた。当然言い寄る男は多く、「あはつけかりしすきごとども（ちょっとした恋愛）」はあったがまだ実を結ぶに至らない一九か二〇歳のころ、摂関家という最高の家柄の若君に求婚される。この縁談にはおそらく一家をあげて喜んだろうが、一応礼儀として断りの歌を返す。男が押してくるのも例のことで、結局彼女はこの貴公子・藤原兼家の妻になった。すでに彼には本妻がいたが、それも同階級の受領の娘であったことが、彼女を安心させたのではないか。おそらく「私はあんな人（本妻）より優れている」という自負を持って結婚したのであろう。ところがシンデレラは失敗してしまった。

本妻の時姫は何人も男子を生み、（その一人が藤原道長である）嫡妻になるべく地歩を固めていく。一方、シンデレラは道綱という男子一人しか恵まれず、しかも夫がつぎつぎする浮気に悩まされ、夫婦仲もどうもしっくりしなかった。

彼女がきまじめすぎて、豪放磊落《ごうほうらいらく》でユーモア豊かな夫兼家と合わなかったことはたしかだ。しかしそれだけではない。多くの受領階級は、こうした権力者と結び付いて、実入りのいい国の国司の地位を得るので、娘を妻にしてもらえば最高のコネになる。シンデレラは実家の盛衰を双肩に背負ってもいたのである。彼女の嫉妬はここにも原因があったろう。もちろん同階級の妻を並べ立たすのは、いろごのみのしてはいけないことであり、兼家にはデリカシーに欠ける行為が多々あった。双方相手を怒らせることばかりした結果、この結婚は失敗に終わる。「蜻蛉日記」の著者は三〇歳過ぎて離婚されるのである。当時離婚は、「床去り」といって男が来なくなることだが、兼家はそれを宣言した。

彼女は美貌と才能に恵まれたのだから、まず宮中に出仕して女官としての出世コースに乗り、兼家の愛人になって彼を利用するのが、中級の身分に見合ったやりかたではなかったか。きまじめに本妻となり、やたらきまじめにやきもちを焼くのはまったく不利な選択だった。多妻制のうまみを生かせなかったということだ。

紫式部の一人娘賢子《かたいこ》は、女官コースの成功者である。彼女は藤原定頼、藤原兼隆というともに摂関家の貴公子をつぎつぎに愛人とした。とくに兼隆とは結婚したようで、一女があった。そして天皇の乳母となり、従三位典侍《ないしのすけ》であった。最後に太宰大弐高階成章《たかしなのなりあき》と結婚した。太宰大弐は儲かる地方官で、太宰府の次官だが皇族で実務をしない長官に代わりすべてを取り仕切る立場であり、金持ちであったと思われる。女官の俸禄は同じ位の男性官吏の三分の二だが、親の邸宅は娘に伝わることが多く、支出は男より少ないかもしれない。従三位の俸禄は大したものだし、おまけに三人も有力な夫を持って、後ろ盾とすることができた。時代が少し下がるとはいえ、「蜻蛉日記」の著者の生き方とは対照的といえよう。

律令時代における宮廷女性の収入について述べておくと、皇后（中宮も同じ地位）、女御《にょうご》、更衣《こうい》、尚侍《ないしのかみ》というのは天皇の妻だが、みなその位に応じて俸禄があった。これは天皇の妻である間だけではなく、位を剥奪されるという不祥事さえなければ一生もらえたのである。女官も高級な典侍、掌侍《ないしのじょう》、命婦《みょうぶ》など三位から四、五位については、前章表1－1「位階俸禄表」にあるとおりの支給があった。

紫式部は皇后彰子に仕えた当初は命婦であり、後に掌侍に進んだというのが歴史学者角田文衞の説である。

第三章　自由恋愛から姦通厳罰化の時代へ——鎌倉・室町時代

ルイス・フロイスの来日

一六世紀、東海の孤島日本は初めて西欧文明と接触した。種子島に鉄砲が伝来したのが天文一二（一五四三）年。漂着したポルトガル船によるわけだが、ヨーロッパ人のなかでも未知の国々を発見した大航海時代の主役は、彼らポルトガル人であった。

ポルトガル商人は中国を足場に、当時盛んに日本との貿易を行っていたという。しかしそれは売った買ったの商売だけのことで、彼我《ひが》の文化に大衝撃を与えるような精神面の影響はなかった。

それが起こったのは、イエズス会の宣教師フランシスコ・ザビエルが一五四九年、鹿児島に上陸して以後のことである。日本人はキリスト教という異質の思想を初めて知り、西欧の伝統的教養を十分に身に付けた知識人を見たのであった。ザビエルは京都に上り、日本の知識人と交流した。彼は日本人が「これまで発見された民族の中で最も優れている」旨の報告をしたので、多くの宣教師たちが布教に行きたいと望んだ。

それから寛永一四（一六三七）年の島原の乱を経て、徳川幕府によりキリスト教が完全に禁圧されるまでには、九〇年近い年月があった。後半四〇年余りは弾圧が繰り返し行われたため、布教の黄金時代は前半四〇年であろう。その間多くの西欧人が日本に上陸し、貿易が行われ油絵の技法や印刷技術も入ってきた。奴隷商人までやってきて、日本人を買い付け東南アジア、インド、ヨーロッパにまで連れて行ったといわれる。

インドのゴアにある聖パウロ学院は当時アジア布教の拠点であった。ザビエルが二年間の日本布教ののち、中国へ向かうつもりで一時そこに滞在していたとき、若い修練士ルイス・フロイスもいた。フロイスはポルトガル人で、リスボン生まれ、二〇歳の彼はこの神学校にアジアの各地から、さまざまの人種が集まって学んでいるのを見た。そのなかには二人の従者を連れた日本人（武士）もいたのである。

加えて日本滞在を終えたばかりのザビエルの直話は、フロイスの若い感性を強く刺激し、彼は日本布教を志すようになる。ようやく一〇年後、永禄六（一五六三）年に日本への派遣は実現した。

勇んで来日した彼は、慶長二（一五九七）年に死没するまで、じつに三四年間も滞在することになる。最後の一〇年間は禁教弾圧が苛烈になった時期で、彼のイエズス会への書簡は長崎におけるキリシタン処刑（二六聖人の殉教）を報告している。彼自身はその年、長崎で病死した。

文才に富んだフロイスの報告書は、当時も一部が出版され、ヨーロッパで広く読まれていた。最も有名な著作は『日本史』だが、慶長八（一六〇三）年に完成した『日葡辞書』の編纂にもたずさわった。彼の著作の一つに『日欧文化比較』というのがある。ヨーロッパと日本の風俗習慣を比べて、彼我あべこべなのを拾い出したもので、たいへんおもしろい。

異国人の視点『日欧文化比較』

日本人の書いたものは、自分たちにとって分かりきっていることについて無意識に省略してしまう。後世の読者は省略された部分に、自分たちの常識を当てはめて読むから昔の事実が曲げられることになる。フロイスは西欧人の目で、日本人には分かりきったことをもの珍しく捉えており、「省略」の穴を埋めてくれる好資料を提供しているのである。

なかに「女性とその風貌、風習について」という一章があり、中世日本女性の今から見ればかなり意外な素顔が並んでいる。当時の女性といえばお市の方とか、淀君とか、徳川家康の正妻築山殿など、戦乱の世に人質的結婚を強いられ、非業の死を遂げるイメージが浮かぶであろう。ところがフロイスの提示する女性像は、だいぶそれとはかけ離れて見える。まず冒頭はこうである。

＊ヨーロッパでは未婚の女性の最高の栄誉と貴さは、貞操であり、またその純潔が犯されない貞潔さである。日本の女性は処女の純潔を少しも重んじない。それを欠いても、名誉も失わなければ結婚もできる。

冒頭にこれを持ち出しているのは、やはり最も印象の強い、日本女性の特性と受け取ったからだろう。性規範の厳しいヨーロッパのキリスト教世界から来た、しかも神父の目にはじつに野蛮な習俗と見えたに違いない。しかしこれを書いたとき、すでに滞日期間が二〇年近かったため、彼は日本文化をヨーロッパとは異質の、独自のものとして見られるようになっていた。貞操を守らない日本女性を非難も軽蔑もしていない。もっとも異国の文化を理解し尊重することが、布教の成功につながるというのが、宣教師たちの共通認識ではあった。

ついで髪型、化粧などいずれもヨーロッパとあべこべであること、黒髪と金髪、白塗りの厚化粧と素顔に見える薄化粧、おはぐろで黒く染めた歯と磨いた真っ白な歯、素足を見せて歩く、絶対に見せない、などの対比が並んでいるが、やがてまた貞操に関係した項目が出てくる。

＊ヨーロッパでは、親族一人が誘拐されても一門全部が死の危険に身をさらす。日本では父、母、兄弟がそのことを隠し立てして、軽く過ごしてしまう。

女性の項にあるのだから、親族というのは女性である。誘拐というが駆け落ちのことだろう。一門の女性が男に連れ去られた場合、ヨーロッパでは命がけの紛争が両家の間で起こった。日本でもスキャンダルではあったろう。親の決めた婚約者がいるのに愛人ができたとか、まったく親が承認しそうもない愛人であったりした場合、一緒に逃げ出すのだろうから。しかし親兄弟が相手の男の一族に、決闘を申し込むような不名誉ではなかったのだ。中世の日本では、男女の仲は宿世《すくせ》（前世の因縁）で逃れ難く決まると考えられていた。親も世間もどうにもできないもので、身分が下の男と一緒になっても、「六位宿世」なのだからしかたがない、などと言って親兄弟は諦めたのである。「隠し立て」する程度の不名誉でしかなかったのだろう。これと関連して、

＊ヨーロッパでは娘や処女を閉じこめておくことはきわめて大事なことで、厳格に行われる。日本では娘たちは両親に断りもしないで、一日でも数日でも、一人で好きなところに出掛ける。

という項がある。処女性が問題にならないので、こういうことになるのだ。

＊家族の者（男性および女性）の恋人は、ヨーロッパではたいそう重んぜられるが、日本ではきわめて軽んぜられ、たがいに見知らぬもののように扱う。

ロミオとジュリエットの話でも分かるように、誰が娘の（または息子の）恋人かは一族中の大問題、というのがヨーロッパ。日本では親の決めた婿ならともかく、ちょっと通ってきている男などには挨拶もしなかったのだろう。そういう男が入り込んでくるのは当り前で、娘がなにも言わないなら、親も黙認というところなのだ。

婿入りはあっても嫁入りはない

息子がどんな女の所へ通って行っているかも、家族の重大関心事ではなかった。桐壺帝は問題さえ起こらなければ、息子である源氏の通いどころに干渉などしない。そういう伝統が一六世紀にもまだ生きていたわけだ。

結婚式のことを「トコロアラワシ」というくらいだから、まず実事があり、そのいくつかのなかで身分、財産、人柄、才能などが最も好ましい者を、親が承認するという段取りになる。はじめは母親が介入、交渉し、父親は大体まとまった段階で出てきたようである。中世の現代劇である狂言では、婿入りという儀式が描かれているが嫁入りの式はない。婿は「きらびやか」に着飾って妻の実家を訪問し、見物人が大勢出るというので、後世の嫁入りと同じである。それを迎えた妻の父親は必ず「初対面でござる」と挨拶する。夫婦はすでに同棲しており、妻は妊娠していたりするのに、「初対面」もないものだと思うが、実事後に父親が初めて出てきて承認する伝統なので、こういう挨拶が習慣になっていたのだろう。さて晴れて結婚すると、

＊ヨーロッパでは夫が前、妻が後ろになって歩く。日本では夫が後ろ、妻が前を歩く。

＊ヨーロッパでは妻は夫の許可がなくては、家から外へ出ない。日本の女性は夫に知らせず、好きなところに行く自由をもっている。

＊ヨーロッパでは財産は夫婦の間で共有である。日本では各人が自らの分を所有している。ときには妻が夫に高利で貸し付ける。

などという話になっている。前章で述べた別姓別産がそのまま表れた夫婦関係である。

離婚問題で神父は困る

また、離婚における認識の相違については、次のように述べている。

＊ヨーロッパでは、罪悪については別としても、妻を離別することは最大の不名誉である。日本では意のままにいつでも離別する。妻はそのことによって、名誉も失わないし、また結婚もできる。

＊汚れた天性に従って、夫が妻を離別するのが普通である。日本では、しばしば妻が夫を離別する。

離婚はカトリックでは禁じられている。神のあわせ給うもの人これを別つべからず、である。一六〇〇年に長崎で刊行された「どちりな　きりしたん」（公教要理。カトリックの教義を問答体で教えるテキスト）によると、離婚は西欧と日本との文化差が大きいため、布教の重要問題であったことが分かる。教理問答のなかで神父は「結婚はサカラメント（秘蹟。カトリックの重大な儀式）であり、離別することかなわず」と教えるが、相手の日本人（教育ある武士階級の男性を想定している）は納得できない。

「これあまりにきびしき御定なり。其ゆえは互いに気のあわざることあらん時も、離別することかなうまじきや」

神父は、神の掟に従えば家庭の幸福が得られ、天国へ行ける旨説得するがだめである。日本側は「かくのごとくきびしき御掟は、身のため大きなる仇なりと思う者多かるべし」などと言い返して承知しない。そして「身持ち乱行（姦通）」したときも離婚できないのかと重大な疑問を呈する。

カトリック側は「その場合は別居できる、しかし夫妻どちらも、姦通の相手ともそれ以外の異性とも、再び結婚をすることはできない」と答え、それでとにかく日本側も納まっている。おそらく教会で結婚式を挙げないで、同棲・再婚してしまえば済むことだと思ったのではないか。じっさい日本人信者と神父との間に、こんな会話はあったに違いない。

双方の意識には大きな差があり、このことだけでキリスト教に入信しなかった者も多かったと思われる。女性側から離婚することもめずらしくない日本では、結婚は一生一度の大事ではなかったし、性関係と結婚が結び付いているわけでもなかった。恋愛は私的なものであり、結婚は家や社会に承認された公的なものではあったが、どちらもやり直しが利いた。男女ともに性関係が自由だったからである。

客を手料理でもてなす主人

フロイスの証言は続く。

＊ヨーロッパでは、女性が葡萄酒を飲むことは、礼を失するものと考えられている。日本ではそれはごくふつうのことで、祭りのときにはしばしば酔っぱらうまで飲む。

当時のヨーロッパでは酒を飲まないのをしとやか、女らしいとする伝統があったのだ。もちろん日本女性が飲んだのは葡萄酒ではなく日本酒だが、それを作るのは一般に女性で、作った酒は女性が管理した。売るのも女性である。これでは飲むのは当たり前であったろう。男も女が酒を飲むことを、まったく問題にしなかった。

＊われわれの間では、女性が文字を書くことはあまり普及していない。日本の高貴の女

性は、それを知らなければ価値が下がると考えている。

シェークスピアの時代、英国では八〇パーセントの女性が文字が読めなかったという。ロミオとジュリエットの出会いの場のように、舞踏会で男女が知り合うならそれでよかったろうが、日本では上層の女性はみだりに男に会わない。自分のほうは男を簾中からすっかり見ているのだが。フロイスも、「日本の貴女は知らない人の場合には、屏風もしくは簾の後ろに隠れて話す」と経験を述べている。だから簾越しに見て気に入った男を惹きつけるには、腕によりをかけて才気溢れる内容で美しい文字の手紙を書いて送る必要があった。王朝の昔から、女性の教育は手習い、和歌、音楽に習熟させるという方針であり、いずれも恋愛と結婚の成功を目指すためであった。男側も美貌より教養という女性への価値基準を持っていたので、美しくても内容のおそまつな女は好まれなかった。貴女ばかりでなく、遊女も文が書けなければ務まらなかったし、狂言にも、妻は読み書きができて夫ができない、というのが筆者の知る限り二例ほどだが見受けられ、女が非識字という例は出てこない。

＊ヨーロッパではふつう女性が食事を作る。日本では男性がそれを作る。そして貴人た

ちは料理を作ることを立派なことだと思っている。

日本の上流階級では男と女が表と奥に別れて住み分けているし、財布も別々だったので、表の料理は男性が作った。男性の客が来るのは表であり、フロイスはもちろん表に通され、男性によってもてなされたのだろう。こういうとき、主菜の魚を下ろしてみせるのは主人の教養の見せ場であった。紳士はみな料理の腕前を誇ったのである。茶事の懐石料理に、今もその名残がある。

*ヨーロッパでは男性が裁縫師になる。日本では女性がなる。

当時の職業を集めた『七十一番職人歌合』の絵によると女性の職業はずいぶん幅が広かった。繊維関係はたいてい女性である。またものを売る（商売する）のもほとんど女性であった。

*ヨーロッパでは男性が高い食卓で、女性が低い食卓で食事をする。日本では女性が高い食卓で、男性が低い食卓で食事をする。

布売り（『七十一番職人歌合』下巻より）

中央公論社が出している「暮しの設計」というシリーズの料理本一三三号（一九八九年）によると、京都の旧家の祝膳はまさにそうである。新年の膳部だから伝統的なものに違いないが、家紋入り、漆塗りの膳は高足のほうに「十三子」と妻の名を記した箸袋がおかれ、隣のごく低い足付のには「主人」と書いた箸袋がのっている。

どうしてそうなのかは分からないが、妻は夫の所有物だと思う西欧人から見ると、いかにも女性が威張っているように見えたに違いない。

フロイスにとってやはり一番印象が強かったのは、日本女性の行動の自由であったろう。夫の許可がないと妻は家から出られない、という当時のヨーロッパの風俗からは、想像もできない奔放さだったのだ。

じつは彼の証言にある中世の女性のすがたを、現在われわれは目の当たりにすることが可能なのである。それは能楽堂の舞台の上で演じられる「狂言」においてである。次項では彼女たちを眺めてみよう。

狂言にみる中世の女

「太平記」に貞和五（一三四九）年の「桟敷《さじき》崩れの田楽《でんがく》」の話がある。田楽は田植えのとき、田の神を祀って囃した音楽に始まる芸能で、平安時代から行われ、中世には大いに流行した。やや遅れて出たのが猿楽で、これが後の能楽につながる。

ときは南北朝の帝権分裂の時代で、貞和は南朝の年号であり、北朝では正平四（一三四九）年に当たる。この年の六月、京都四条河原で大田楽の催しがあって、新座・本座など田楽の座（劇団）が総出演した。河原に四階建ての大桟敷をつくり、貴賤の男女がこぞって見物に押し掛け、摂政、大臣、法親王、武家は将軍まで居並ぶという華やかさだった。

その舞台は現在の能舞台と異なり、両側に橋掛かりがあった。舞台上に椅子を並べ、絨毯や虎の皮の敷物をかけたり、登場する役者は美男をそろえ、美しく化粧していたというので、今の能楽より歌舞伎に近い感じである。

見物人は桟敷で酒を飲み料理を食べ、風炉を持ち込んで茶をたてたりしている。宴会がてらの見物であった。そのうちに、少年役者が猿の面をつけて舞台上を駆け回り、柱に登るなど軽業《かるわざ》を演じたので、皆々熱狂、「あら面白や、耐え難や」といっせいに立ち上がって囃し立てた。その拍子に四重の桟敷が傾いてしまい、「あれやあれや」といううちに将棋倒しに倒れて死傷者多数を出したのであった。これが天狗のしわざだといわれた、桟敷崩れの田楽事件である。

現在の能は、田楽と猿楽が相互に影響しあって室町時代に大成したもので、盛んに演じられていた当時の現代劇である。猿楽の観客もこのように、ロック・コンサートさながら熱狂したのかもしれない。現在の静粛な能楽堂の雰囲気からは想像もつかないが。

能と共に演じられる狂言も、同じ時代に生まれたといわれている。桟敷崩れの騒動に見るように、人々を熱狂させた「現代劇」の一ジャンルだったのだ。

生きた現代劇であるために、観客の受けをねらって台本が改められることも多く、中世を通じて内容は流動的であり、田楽や猿楽同様、独立して演じられていたと思われる。

それが近世、江戸期に入って能が武家式楽（儀式のときに演じられる音楽劇）となったために、狂言も能の宗家の支配下に組み込まれた。能と能の間に息抜き的に上演される喜劇として位置づけられ、台本も次第に固定する。

上演はあくまで能が主であったから、しだいに狂言はまともな鑑賞の対象とされなくなっていった。昭和も三〇年代以降、それを不満とする狂言の演者たちが、大いに努力した結果、いまや中世の現代劇としての独自性を認められるようになっている。狂言だけの催し（上演会）も多い。以前にはなかったことである。実際現代人にとっては、能よりはるかに分かりやすく、おもしろい演劇なので、人気が出たのは当然といえよう。

能と同様、狂言も女性の役者（プロフェッショナル）を認めていなかったが、最近は出てきているようだ。能にも中世には女性だけの座（劇団）があった。江戸時代初期には阿国《おくに》で有名な女歌舞伎が流行した。また明治のころも照葉《てりは》狂言という、少女歌劇のような能の劇団があったそうだ。女性を差別するというより、男女がエリアを分ける伝統があったため、一緒に組織を作らなかったのだと思われる。やがて女歌舞伎は幕府によって禁止され、女性側が没落して、男性ばかりになったのであろう。

それで狂言に登場する女性たちは、男性によって演じられている。化粧はせずただ女性の衣装を着けているだけなので（特別な場合以外、面は付けない）見慣れないと変な感じだが、彼らが演ずる中世の女性はなかなか勇ましくて、バスやバリトンの声でもおかしくないくらいなのだ。ルイス・フロイスの見た旧きよき時代の女性たちがはつらつとして登場してくるのである。

狂言の台本は流儀ごとに異本が伝わっているが、現行台本より古い大蔵流の虎明本《とらあきらぼん》が、寛永一九（一六四二）年の書留めで、中世の雰囲気をよく伝えているという。それによって何番かを紹介してみよう。

「髭櫓《ひげやぐら》」の女房たち

まず長い大きな髭を付けた男が出てきて「これは洛中にすまひする者にて候」と名乗る。「ただ今これへ出ること余の儀にあらず、禁中に、大嘗会《だいじょうえ》のまつりごととやらんに、大髭なるものが犀《さい》の鉾《ほこ》の役をいたすものじゃとあって、洛中をおたずねなされたれども、それがしが髭ほどなる大髭はないとあって、それがしに犀の鉾の役をつかまつれとの御事にて候間、身に余ってかたじけないとぞんじて、かしこまったとお受けを申した、女共《おんなども》（妻）が聞いたらばよろこぼうほどに、呼び出しよろこばせて、髭のしょうやく（洗って整える）をもさせ、衣装をもこしらへさせ申さばやと存ずる」ところが呼ばれて出てきた妻は懐疑的で、次のように言う。

狂言「髭櫓」に登場する勇ましい女たち

「外聞はよいやうなものじゃが、してお受けをお申しやったか」「おんでもない（もちろんの）こと」「してそれはいつの事ぞ」夫は二、三日のうちに髭を洗い衣装をこしらえろというので、妻は腹を立てる。

「なんとして二、三日や四、五日でそのこしらへがなるものでおじゃるか。身共《みども》に談合もあそばさいで、そのやうなことをうかつにお受けを申すものか、わらわは知りまらせぬぞ」と喧嘩になってしまい、

「日頃甘やかすによって、身共に恥をかかする、いで、もの見せう」

と夫は妻をたたく。妻は大いに怒って、

「なう腹立ちや、ととさまに言ふて目にもの見せうぞ。かまひて悔やむなよ」

と家を飛び出していく。夫婦が別姓で、女は生

涯実家を後ろ盾に持っていた時代らしい捨てゼリフだが、彼女が駆け込んだのは実家ではなかった。

やがて近所の男が髭の夫のもとへ飛んでくる。

「こなたは思ひのほかゆるりとしてござる」

「別にいそがしい事はおりない」

「女房衆（奥さん）の、髭を抜かひでは叶ふまいとて、あたりの女房を語らふてただ今これへ押し寄せらるる」

妻は女友だちを呼び集め、素手ではなく武器を持って夫をやっつけようとする。夫はさすがにあわてて、知らせ手の男の忠告を入れ、おもちゃのかいだて櫓《やぐら》（防壁の垣根）を首に掛け、髭の周りにめぐらして防備をととのえる。さて刀を抜いて待つところへ、囃子が入り女房たちが登場、幾人出てもいいそうだが、現行の舞台では六、七人である。なぎなたを持ち小刀を腰に差した妻を先頭に、槍《やり》、熊手《くまで》、鎌を手んでにひらめかして謡を謡う。

「二世までと契りし甲斐もあらいそに、寄せて討ち取れ浦の波。多勢に一人が叶ふべきか、あら面憎《つらにく》や面憎や」

夫も勇ましく迎え撃ち、「たとへ女は多くとも、竜の髭をばよも抜かじ」と切って出て奮闘するが、「多勢に無勢叶はずして、かいだて櫓を引き落とされて、さばかり慢ずる大髭を大きな毛抜きで挟まれて、根ながらぐっとぞ抜きにける」ということになってしまう。女房たちが抜いた髭を差し上げ、「エイエイおう」と勝ち鬨《どき》をあげて曲は終わる。

夫婦喧嘩のやりとりもおもしろく、派手な衣装の女が大勢出て囃子入りの大立ち回り、とても人気のある曲で今でもしばしば上演されている。

当時の現代劇に相違ないが、誇張された絵空事だと現代人は思うだろう。ところが、女性が集団を組んで暴力を振るうということは、古くからあった一種の習俗であるらしい。狂言にももう一番ある。

「若市《にゃくいち》」の闘う尼たち

若市というのは尼の名前である。年は若くなく、「身共も一寺かかえている」と言っているので、中年以上の住職の地位にある尼であろう。彼女はほうぼうの寺（たぶん男しかいない寺）や檀家にも頼まれて、裁縫をしに行っている。

今日も行くにつき、その寺にいる稚児（僧侶見習いの子ども）へのみやげに菊の花をたずさえ、歩いていると顔見知りの上人（僧の敬称）にばったり会った。上人は檀家に呼ばれて酒を飲み、いいご機嫌である。はじめは冗談を言い合っていたが、上人が不意に菊の花に目を付け、「いやその花は見知りがあるが、身共が花壇の花じゃが、なぜに取てきた」と、酔っていたせいか若市をどろぼう呼ばわりする。「これは知れぬこと仰せらる、花はどこも同じことでござる」。

若市が否定しても上人は聞かず、むりに花を取り上げて引きむしってしまった。「なふ腹立ちや、出家に似合わぬ事をあそばす」と若市は上人に摑《つか》みつく。上人は彼女をたたく。「比丘尼のぶんとして、身共に取り付きおる、憎いやつじゃ」。「なふ痛やなふ、わ坊主はそのつれなことするならば、ただ今目にもの見せう、坊主悔やむな」と若市は捨てゼリフで引っ込む。

上人、寺へ帰ってくつろいでいるところへ近所の人が駆けつけて、「こなたは若市といさかいはさせられぬか」「いやいさかいというほどなことではおりないが、ちと、ならはかいて（懲らしめにたたいて）おりゃるよ」「さればこそ。人の申したも偽りではござない、若市が京中の比丘尼を催して、ただ今お寺へ寄せて参ると申すについて、それがしも注進にまいったが、何とてゆるりとしてござるぞ」。

武器を持ってくるというので、上人も驚いて棒を用意し、待ち受けるところへ大勢の尼が押し寄せてくる。

「そのとき上人高きところに走り上がり、寄せ手の勢を見渡せば、尼方の勢は三百人、思ひ思ひの出で立ちに、心こころの打ち物抜き持ち、仏前の庭まで乱れ入る」

そこで寺内の僧侶たちがことごとく走り出、「われもわれも」と応戦したが、「若市は小槍を抜いて、昔の阿間了観《あまりようかん》（槍の名人）にも劣るまじと、ここやかしこを突きまはれば、さしもに猛き御坊たちも突きまくられてぞ逃げたりける」。

「上人腹を据へかねて、棒を振り上げかかり給へば、若市はこれを見て、ものものしというままに、上人とむずと組んで、二ふり三ふり振るとぞ見へしが、上人を振り転ばかし、取って押さへて」首のかわりに帽子を奪い、尼一同勝ち鬨《どき》をあげて帰っていく。

「髭櫓」ほど上演されない曲で、私も未見だが、これも囃子が入っての立ち回り、髭櫓に劣らずおもしろいと思う。

本当にあった女の騒動打ち

さて両曲にある女性の集団暴力だが、けっして喜劇仕立てのフィクションではないので、それが行われていたという証言はいくつもある。

享保一七、八（一七三二、三）年に成立したらしい作者未詳の随筆「昔々物語」に、「百二、三十年以前の昔は女の相応打ちといふことありし由」とあり、それは男が妻を離別して二ヶ月以内に新妻を納れると、前妻が親類とも談合の上、「若く達者なる女すぐりて借り、人数二十人も三十人も、五十人も百人も身代によりて相応にこしらえ」新妻の住まいになぐりこみをかけたという。もっとも新妻方には事前に通告し、仲人を留め役に頼んでおくなど、多分に儀礼化が認められて、要するに「顔を立てる」ためだったようだ。「昔は相当打ちに（相応が相当になっている）二度三度頼まれぬ女はなし、七十年ばかり以前、八十ばかりの婆ありしが、我ら若き時分相当打ちに十六度頼まれ出でし、など語りし」と昔々物語にはある。

三田村鳶魚《えんぎょ》は「女の世の中」でこれを考証しており、江戸時代初期の寛永ごろまで（虎明本の成立が寛永一九年）女騒動というものがあり、うわなり（後妻）打ちともいったといっている。出所は山東京伝の「骨董集」、滝沢馬琴の「烹雑《ほうぞう》の記」とあるが、両書をみるとそのまた出所は上記の「昔々物語」なのである。

相応打ち、相当打ちと二様の表記があるが、騒動打ちともいわれた。京伝、馬琴、「昔々物語」の筆者、鳶魚にいたるまで、江戸初期には戦国時代の余風があり、女も気が荒かったのだろうと解釈しているが、現代の歴史学者桃裕行はもっと古いといっている。

古記録の研究者である彼は「うわなりうち考」のなかで、藤原行成の日記「権記《ごんき》」寛弘七（一〇一〇）年の条、藤原道長の日記「御堂関白記《みどうかんぱくき》」寛弘九年の条をあげて、うわなり打ちなる習俗が王朝時代から存在していたこと、「梁塵秘抄《りようじんひしよう》」にもうわなり打ちを謡った歌謡があり、「康頼宝物集《やすよりほうぶつしゆう》」（平安後期）には「怪しの下衆共のうわなり打ちとかやして」などとあるのを見れば、もともと下衆（庶民階級）の習俗だったのが、ときに上層でもやったのではないかと論じている。桃は「髭櫓」を見ており、やはりうわなり打ちを連想したそうである。

北条家の執権時代、後深草院（第八九代天皇、譲位して上皇）に仕えた二条局の回想録「とはずがたり」にも、女の暴力が出てくる。これはうわなり打ちではなく、必ずしも嫉妬の発動のみが暴力の理由ではないことを示している。

正月一五日に「粥杖」という行事があった。小豆粥を煮た薪を削った杖で、女の尻を打つと男児が生まれるという俗信である。二条局の仕える（夫でもある）後深草院は、男どもに命じて女房たちを手ひどく打たせた。悪ふざけがすぎると腹を立てた女方は復讐を企てる。二条局や東の御方（院の妃）が相談して、「御所（院）を打ち参らせん」と女房どもを呼び集め、杖を持たせて近習の男たちを追い払わせる。呼び出された院を東の御方がかき抱いて押さえつけ、二条局が杖で「思ふさまに打ち参らせぬ」。院は閉口して「これより後長く人して打たせじ」とあやまった。

中世の説話集「今昔物語」にもこんな女の集団暴力がある。弓矢の道で世を渡る荒っぽい武芸者が、相婿《あいむこ》の家へ遊びに行って双六を打った。相婿は武芸などできないふつうの男である。双六はよく争いの生ずる遊びで、この二人も喧嘩になり、言い合いの末武芸者は刀を抜こうとした。驚いた相婿は刀の緒にしがみついて抜かせじと争う。武芸者はたまま隅の柱に包丁が掛けてあるのを見つけ、相婿を引きずりながらそれを取ろうとする。取られては殺されると相婿は「われを助けよ」と声を限りに叫びたてた。

そのとき台所に近所の下女たちが集まって、共同作業で酒をつくる米をついていた。主人の叫びを聞いて手に手に杵を持ったまま座敷へ走り上がったところ、このありさまなので、「あな悲しや、殿を殺し奉るなりけり」といきなり杵で武芸者の頭をなぐり、ひっくり返ったところを大勢でなぐって、「打ち殺し」てしまった。おかげで主人は危ない命を拾ったのであった。

強い武芸者が「言ふ甲斐なく女共に打ち殺され」たと、世間では呆れて評判したというのだが、やはり女が集団になって暴力を振るう、長い伝統があればこその事件ではあるまいか。「源氏物語」に女の集まっているのを見て、男が「いかなるモノ（妖怪）の集へるならむ」と感じるところ（夕顔）、「伊勢物語」に同じく「むぐら生ひて荒れたる宿のうれたきは　かりにも鬼のすだくなりけり」と女の集団を男が気味悪がるところ（五八段）がある。現代の日本男性も、女性ばかり大勢集まっているのを見ると、敬遠する心情があるようだ。集団暴力の遠い遠い記憶かもしれない。

夫婦は別産

ルイス・フロイスが、夫婦の財産が別々で妻が夫に利息を取って貸し付ける、と言っているように、女性は親から財産を分けてもらうし、夫が死ねばその財産も相続するので、金貸しを営む者もあれば商売をする者もあり、荘園の上級荘官であった父の死後、引き継いで荘官（預所《あずかりどころ》に任じられた。若狭の国太田荘の例）を勤める者さえあった。皇女や后妃には大荘園主があり、その財産が政局に影響を及ぼすこともあるほどだった。将軍の妻日野富子は、大金を以て応仁の乱の戦局を収拾している。当時の女性の、金を動かす力の大きさが知られる例である。

庶民の場合も女性は金を持っていた。先述の『七十一番職人歌合』という室町時代の歌合絵は、当時の職業図鑑であるが、それを見ると物を作るのは男性、物を売るのは女性が多い。瀬川清子が大正、昭和に調査したところでも、この傾向は漁村などにまだ残っていたそうである。瀬川は「販女《ひさぎめ》」という一冊に調査結果をまとめているが、女性が商業に従事するのは中世以来の伝統なのだ。男女財布が別々であった中世には、売上金を女性が

魚売り（『七十一番職人歌合』上巻より）

持っているのは当たり前のことだったろう。商いをめぐる夫婦の攻防を描いた一番をあげよう。

「河原太郎」

女が出て、「これはこのあたりに住居いたす、太郎が妻にておりやらします、今日は河原の市でござるほどに、酒を持って参りうらふと存ずる」と名乗る。彼女は毎年自ら酒を作り、市に出て売っているのである。

店を出し、「太郎が酒をおまいるかたは、こなたへござれや」と呼び売りを始めたところへ太郎がやってくる。彼は妻の酒が飲みたくて作夜からねだっていたが、「売り初めをしないうちはだめ」と断られ、なんとか飲ま

弓つくり（『七十一番職人歌合』上巻より）

せてもらおうと市へ来たのである。

しかし妻は「売り初めをいたさぬほどに、おかへりやれ」と飲ませてくれない。押し問答の末、太郎は道に出て毎年の馴染み客の来るのを待ち伏せ、「酒はさんざんに作り損なうて、甘う酢うて飲まるることではござない」と断ってしまう。妻はこれを知って、「やい、わ男はこの酒は誰が酒で、そのつれなことを言う」と怒る。たしかに代表権は太郎にあって、妻も「太郎が酒」と言って売っているし、売上金は家計に費やされるに違いない。しかし彼の自由になる金ではないのだ。だから営業妨害をするし、「銭をつないでやろう（穴あき銭を紐でつなぐこと）」、などと言うだけで自分の収入だとは主張しないのである。妻が口汚く罵ったため、太郎は手を出してなぐる。なぐられて追い回され、妻は「いや思ひ出たことがある」と、酒と盃を差し出す。

夫「わごりょがそれを出すは、思ひよってくれふと思ふてのことか、又たたかるるが迷惑さに出すか」

妻「いやそなたにおまらせうと思ふて」

夫は妻が降参したと思い、喜んで盃を受ける。三杯ほど飲んでから、滝飲みがしたいと言う。絶え間なくもっと注げということだ。妻はここぞと酒のかわりに水をぶっかけ、あわてる夫をしり目に逃げて行ってしまう。「やい、わ女、やるまいぞ」というのが狂言おきまりの「追い入り」のせりふである。

狂言に描かれた夫婦の関係は、妻が強く、夫が怠け者でだらしがない、というのが定型である。まだ女が夫の家に入る時代ではなく、婿入り狂言はあるけれども嫁入り狂言は一曲もない。

添い臥しの女

「とはずがたり」という回想録は、鎌倉時代中期に生きた宮廷貴婦人、二条局の書いたものだが、彼女は久我家の女で後深草上皇（第八九代天皇、譲位して上皇）の後宮であった（上皇を杖で叩いた女性である）。公家の家柄には五段階の差等があり、最高が摂家で次を清華家という。二条は清華の久我家の出で、四歳という幼少から後深草上皇に召し出され、「あこ」と呼ばれて御所で育てられた。上皇が彼女を愛育したのはその母との関係による。二条の母は後深草が天皇であった幼少時（四歳で即位、一七歳で退位）から仕えたいわば養育係で、大納言典侍と呼ばれる高位の女官であった。彼女は天皇が一一歳で元服するに際し、添い臥しとして奉仕した。当時は元服の夜、女性を知るという習慣があり、源氏物語では源氏一二歳の元服の夜、葵の上が一六歳で添い臥しになっている。これは正式の結婚だが、元服の夜の女なので一応添い臥しの名義なのである。必ず男より年上であった。

清少納言が仕えた定子皇后も、一条天皇の添い臥しとして後宮に入った。天皇一一歳、定子は一五歳である。しかし正妻になる添い臥しは深窓の姫君だから、男を知っているわけではなく、年上とはいえ四、五歳程度がふつうだ。本当の添い臥しは、少年に性を教える女なので、年上であってさらに既婚でなければならなかった。結婚相手の姫君は名義上の添い臥しにすぎず、実は侍女がお相手を務め、すでに性を教えていたのである。乳母という例も多かったようだ。乳母といっても乳を飲ます女ではなく、教育係である。幼稚園の先生が、中学生になった教え子に教えるようなもので、現代人はびっくりだろうが昔は自然、当然のことだった。

後深草天皇も九歳年上の皇后を迎えているが、その前に大納言典侍に「初枕」を教えてもらった。彼女は職務として添い臥しになったわけで、添い臥しである以上男経験がなければならず、すでに二人の愛人がいた。同時に二人かどうかははっきりしないが、後深草は二人の男に「主づかれた（妻にされていた）」と言っている。

少年の気持ちは職務で教えてもらったというような、割り切れたものではなかった。彼は大納言典侍を愛してしまった。彼女はお構いなく愛人を近づけるので、天皇はその隙をうかがうのに苦労したという。結局、典侍は愛人の一人久我雅忠と結婚して宮中を去った。間もなく女の子を産み、その産後が悪くて亡くなってしまう。天皇は生別と死別、二重の別離に苦しんだのである。

忘れがたい大納言典侍が残した女の子、やがて皇位を去って上皇となった後深草は、父の雅忠に頼んでその子を引き取った。四歳の幼女を「源氏物語」の紫の上になぞらえ、後々後宮とするつもりで愛育したのだった。

幼女は成長後、上臈女房となり二条と呼ばれて上皇に仕え、一四歳で後宮となる。しかしそのときすでに、父に許されて婚約した男がいた。回想録「とはずがたり」にはその後の多角関係、持明院統と大覚寺統の対立という天皇家のお家騒動に際しての、政争にからんだ性関係のごたごたが赤裸々に語られる。現代の研究者は「異常」「退廃的」などと評するが、添い臥しの習慣でも分かるとおり、当時の、というより伝統的な男女関係は多角的なものだった。後深草の関係した女性は九人を数えるが、二条局の男も五人いる。

後深草の九歳年上の皇后は、父帝後嵯峨の皇后の妹であった。当時姉妹は一人の夫を持つことが多く、妹も後嵯峨と関係があったのだろうと考えられている。それを息子の妻にするなど、いかにも乱倫と見えるだろうが他にも例がある。

平安末期初めて院政を行い、絶大な権力を振るった白河上皇は、寵姫であった祇園女御の養女を幼いときから可愛がり、少女になると秘かに愛人としていた。彼女を後に孫である鳥羽天皇の女御とし、さらに中宮に冊立して最高の出世を計っている。彼女は後に待賢門院と呼ばれた有名な后で、二人の天皇（崇徳・後白河）を生んではなはだ尊ばれた。これほどの貴女だが白河上皇のもとにあった少女時代、高僧の侍者である童子（僧侶見習いの少年）と性関係があり、また白河上皇の側近であった藤原季通とも通じていて、天下誰知らぬ者もなかったという。もちろん上皇は彼らをただではおかなかった。童子のほうは師の高僧と共に転勤させられて遠ざけられ、季通は出入りを禁じられ出世が止まってしまった。しかし命に別状があったわけではない。不貞は当事者にとって、心理的に重大事ではあったが、道徳的非難は軽く、まして刑事罰に値するような罪悪ではなかった。「とはずがたり」もそうした時代の産物として読むべきなのである。

当の少年にとって、性を教えてくれる初体験の女性は心理的にどういう存在だったか。彼女は乳幼児のときから慣れ親しんで、母親より身近な乳母という存在である。それが彼を男にしてくれる。どの男にもマザーコンプレックスの傾向はあるらしいから、母であり愛人であるという存在は強い影響力があったに違いない。

室町幕府の時代、六代将軍義教はたいへんな感情家で、気に入らない者を徹底して罰し、一三年にわたって恐怖政治を行ったが、結局暗殺された。この将軍の側室が日野重子で、義教の暗殺死により、彼女の生んだ子が将軍位を嗣ぐことになって、にわかに表舞台に登場した人物である。新将軍は間もなくわずか一〇歳で死去してしまうが、同母の幼い弟が嗣いだので、重子は後見人として続いて重責を果たすことになった。この幼将軍が足利義政、のちに日野富子と結婚し、また銀閣寺（東山慈照寺）を建立したことで知られる人である。

富子が正室に迎えられたとき、義政の身辺には当然側室が複数いたのだが、その一人に今参局、将軍にお今と呼ばれるかなり年長の女性があった。彼女はもともと義政の乳母だったが、彼が成長すると「妾」と呼ばれている。義政の信任が厚く、将軍家を切って回していた。「室町殿を守り立て申すはこの局なり」「室家の柄を取り、その気勢炎々近づくべからず、その所為ほとんど大臣の執事のごとし」「権勢を振るい傍若無人なり」などと当時の公家や高僧の日記に書かれている。

義政が彼女の言いなりなので、母親の重子はいい気持ちはしなかったであろう。しかし当時の上層家庭では、生みの母より乳母のほうが子どもにとって母らしい存在だった。貴婦人は母となっても、手づから子育てをしないからである。しかも乳母が性的関係を持つので、その立場は大いに強かった。

やがて一六歳の日野富子が正室として輿入れしてくる。日野家は家格としては、最高の摂家から下ること清華、大臣、羽林に次いで名家という五番目だが、左大臣従一位に上る資格があった。南北朝の動乱に際しては、後醍醐天皇の側近として活躍した資朝や俊基を出している。室町時代に入ると、三代将軍足利義満に二人の女子を妻として納れて以後、代々の将軍が日野家から妻を迎えるのが慣例となった。日野家の繁栄はこれによるのである。将軍家に嫁《とつ》がない女子は宮中に上がって上級の女官となり、相当の政治力を持って実家を支えた。

富子は日野家の大財産を背景に将軍家に送り込まれたが、そこには将軍の寵を頼んで「傍若無人」な今参局が頑張っていた。将軍の母日野重子は局を憎み、両者の対立は抜き差しならないところへ来ていたのである。

富子は一六歳で嫁《か》してから四年目、妊娠して女子を産んだが死産であった。重子がこれを捉えて画策したのだろうが、今参局が呪詛したためだという説が広まり、ついに将軍も彼女を流罪に処した。琵琶湖の沖島に流される途中、今参局は自害してしまったが、実は暗殺されたのかもしれない。ところが早くも四、五日後に、将軍は彼女のために仏事を営んでいる。また四年後にも仏事を行い、寺に「御今上郎」の追善料として領地を寄進しているのである。おそらく彼女への未練が断ちがたかったのだろう。流罪にはしたものの、機会を見て呼び戻すつもりで、まさか死ぬとは思っていなかったのではないか。

後深草天皇と大納言典侍、足利義政と今参局のような例は、おそらく上層家庭のそこら中にあったに相違ない。乳母が妾になることに、誰も道徳的抵抗を示していないし、珍しがってもいないのだから。性に目覚める頃の少年にとっては、なかなか有り難い習俗だったろう。

姦通厳罰時代の幕開け

しかし中世も中期を過ぎた室町時代には、次第に物騒な話が出てきている。女性史研究者高群逸枝は「長與宿禰記」という史料を引いて、文明一一（一四七九）年に「注意すべき記事がある」と言っている。

「これによると、山名方の渋川被官人が、赤松方の家人を妻敵《めがたき》（妻と通じた男）というので殺害した。赤松一類が仕返しに殺害者を襲撃しようとすると、山名方でもこれに対抗して備えた」。武力闘争に発展しそうになったので、幕府が仲裁に入る。ときに将軍は九代義尚である。幕府は奉行人らを集めて事件を公判に付したところ、赤松方は妻敵といえども殺人事件で、人を殺した者は殺されるのが武家法の例だと主張した。しかし奉行人らの判断は、姦夫姦婦は本夫を裏切ったので同罪である、本夫に殺されてもしかたがない。それを単なる殺人として本夫を殺すのは道理に合わない、ということであった。結果赤松方も納得して、本夫は無罪とされ、姦婦は本夫方に引き渡されて殺された。高群は「この事件は姦通事件への重要なポイントとなったもので、爾後は姦夫姦婦を本夫および本夫の一類の手で、ほしいままに私刑に処しうる規定となったわけである」と言う。

この事件があったのは応仁、文明の大乱がようやく収まって、まだ京都は焼け野原というときである。しかも赤松は東軍、山名は西軍で戦った敵同士なのだから、荒っぽい結果が出るのは当然であろう。だがこのようなことになる予兆はかなり前からあった。

三代将軍足利義満は、金閣寺（鹿苑寺）を建立し、対外的には日本国王を名乗って、室町幕府最盛期を生きた人である。

彼は母系からすると北朝第五代後円融天皇の従兄弟に当たり、二人は同い年でもあった。義満が日本国王を名乗ったり、遺族は辞退するが死後太上天皇の尊号を贈られたりしたのは、第八四代順徳天皇五世の孫に当たっていたからだろう。武家ではあるが、この毛並みのよさが自信につながったと見え、傍若無人な権力者であった。後円融天皇はこの従兄弟ののさばりようが気に入らず、仲がよくなかった。後円融が幼少の息子に位を譲り（後小松天皇）、上皇となって院政を摂り政治の実権を握ると、ますます義満と対立するようになる。

永徳三（一三八三）年二月一日、上皇も義満も二五歳の春だが、上皇の上臈局で後小松天皇の生母でもある三条厳子《たかこ》が、実家での出産を終えて宮中に帰ってきた。その晩、上皇が彼女を寝所に召したところ、「袴並びに湯巻き」を用意してないからと断られた。上皇は逆上し、刀を抜いて厳子の局に打ち入り、彼女を峰打ちにして大怪我をさせた。

出産は年末のことなので、おそらく悪露《おろ》（産後の出血）が治まっていなかったのではないか。それを婉曲に言って彼を怒らせてしまったのだ。彼女は実家に逃げ帰り、事件は京中の噂になった。一一日には按察局《あぜちのつぼね》というこれも後円融の愛妾が、突然宮中を追い出されて尼になった。いずれも義満との関係を疑われたためだという。

義満は正妻も側室も、みな女官の出身である。当時の後宮はまだ男子禁制ではなかったから、彼は遠慮会釈もなく出没していたのだろう。しかし上皇ともあろうものが、刀を抜いて妃、それも今上天皇の母である人を峰打ちにするなど前代未聞。後醍醐天皇の治世からざっと五〇年、もう姦通が復讐され始めていたのである。

経済の発展と下がる女の価値

とにかく男女間の交際が、前代のように自由ではなくなってきたのだ。高群逸枝がいう姦通私刑事件はこの三〇年後に起こっている。その間に応仁の乱という大戦を経ているので、女性の価値は下がらざるを得なかった。女性は戦闘の役に立たないからである。しかしそればかりでなく、農業の大発展があったのも、女性の没落原因の一つではないかと思う。

例の民俗学者瀬川清子の直話だが、「農業というものは、どうしても男を上にするんですよ」と聞いたことがある。機械がなくて人間の腕力だけが頼りの農業では、力の強い男性が主役にならざるを得ない。その上、土木工事などの組織的な労働がなくては、米作り農業の大規模化はできない。男性は組織作りを得意とした。それによって室町時代の経済発展は成し遂げられたのである。男性による経済発展が、相対的に女性の価値を押し下げたのだと思われる。次に来た市場経済発展の波には、女性もかなり頑張って商業や金融業に乗り込んでいる。しかし男性のような組織作りができなかったところに、限界があったといえよう。

古代から女性が独占してきた糸機《いとはた》の仕事は、一人一人の孤独な作業で、集まってやっても能率が上がるわけではない。一人が一反を織り上げる時間は、何十人、何百人集まっても短くはならない。女性達には大きな組織を作るという発想がなかった。これも男性のように経済的に発展できなかった原因だろう。

中世の芸能である能を見ていると、女の妖怪の話がよく出てくる。失恋した女が蛇に変じて男を取り殺す「道成寺」。安達ヶ原の一つ家で、泊めた人を殺し肉を食う鬼女「黒塚」。戸隠山の鬼女「紅葉狩」。妖怪とは神が人々の信仰を失って、零落したものだと民俗学ではいう。

ある僧侶の残した「博多日記」という記録によると、ときは後醍醐天皇の御宇《ぎょう》、南北朝争乱の時代、天皇方に味方した菊池一族が九州探題（鎌倉幕府の九州統治機関）を襲撃し、敗北して皆殺しにされた事件があった。菊池方は首を取られ、博多の街頭に曝されたので住民が見物に押しかけた。その中に屋敷勤めの女房がいたが、見ているうちに気分が悪くなり、屋敷へ帰って寝込んでしまった。しばらくして突然起き上がり、菊池一族の若武者の名を名乗り、男のように振る舞い出す。喉が渇いたから水をくれといって多量の水を飲んだり、出陣の有り様を語ったという。曝されていた首の霊が取り憑いたのである。こんな話がまともに信じられていて、まだ女性の霊的能力が疑われていなかった。

しかしもはや卑弥呼の時代のように、神託を伝え、神の代理人として敬われるばかりでなく（そういう例もなくはないが）、妖怪など雑多な霊が多く憑くようになっていたのだ。これも女性の没落を表しているのではないだろうか。

今参局や日野富子のように、派手な政治的活躍をする女性が少なくなかった。金貸しをして大儲けする者もあり、庶民でも商売人や職人として収入を得ていた。とかく男性の競争者と見られがちで、彼らの反感を買ったのも妖怪呼ばわりされる原因であったろう。

第四章　恋愛禁制下の大奥と吉原——江戸時代

恋愛規制の始まり

わが日本国は古来、伝統として恋愛自由の風習を持っており、その恋愛は性行動と表裏一体で、性についての禁忌がなかった。人の性欲は一生を通じて抑圧されることがなく、したがって女性も貞操を問われたり、不貞を罰せられることがなかった。

飛鳥・奈良時代に伝来した異国の宗教、仏教の僧侶は、その戒律に従えば女性と交われないことになっていたが、『日本霊異記』に描かれた奈良時代の実情はそのように厳しいものではない。有名な高僧が「俗につきては妻子を養」ったり、聖武天皇の皇女孝謙天皇が自分も尼僧になりながら、僧である道鏡を愛して「一つ枕に交通」したりしているのである。聖徳太子以来の日本仏教は実質「在家仏教」で、表はともかく裏では妻帯を許していたのだ。『平家物語』を見ると、高僧が妻子を持っていて、それが当然のように書かれているのだから「常識」だったに違いない。

愛と性の自由な伝統が変わり始めたのは、中世以後武家が権力を握るようになってからである。武家というのは戦争、すなわち武力を生業とする家系であって、彼らが仕える権力者の公家からは、一種の賤視を受けていた。公家出身の兼好法師が『徒然草』に「人倫に遠く禽獣に近き振る舞い、その家にあらずば好みて益なきことなり（第八〇段）」と書いたのは、人殺しを業とする武家への賤視・反感なのである。しかし政治的理由で武家に人殺しを命ずるのは公家なのだから、自らを棚に上げていい気なものではあった。

公家の走狗《そうく》として賤しまれつつ人殺しをしていた武家が、その武力によって次第に勢力を伸ばし、ついに権力の座を獲得したのは鎌倉・室町の幕府である。その後内乱が長く続き、ようやく武家独裁による、社会の再編成が完成したのは徳川幕府の江戸時代であった。

武家は戦《いくさ》の専門家なので、一族・味方のためには家族を犠牲にしなければならない状況に陥ることが多々あった。妻子が心配で戦場を逃げ出しては職務が果たせないから、顧みてはいられない。敵と和睦したり同盟したりする際には、母親や妻子を人質に渡す必要もあり、いざとなったら見殺しにしなければならない。戦のなかで「人倫に遠」いことを強制され、苦しみ悲しみつつも次第に武家風の家族関係ができあがっていった。

それは愛情を軽視し義務を重んずる関係である。主家への忠義と自家の存続を重んじ、名誉のためには私情を捨てる。現在から遠からぬ七〇年ほど以前、昭和の第二次世界大戦時代には、軍国主義政権のもとで家庭を顧みず戦うことが奨励され、日本人の多くがその気になっていたものだ。国をあげて武家化したわけで、家族が戦死しても人前では泣くことができなかった。それが武家家族なのである。

しかしこのような武家家族が完成したのは江戸時代であって、鎌倉はもとより、戦国、織豊時代でもまだ愛と義務とはせめぎあっており、どっちに傾くかの悲劇も演じられていた。江戸期でもごく初期はまだその名残があった。

大きな画期となったのが慶長二〇（一六一五）年の「武家諸法度」という法令の発布である。ルイス・フロイスが「日本の女性は処女の純潔を少しも重んじない」と書いてからわずか二〇年後のことだ。この年大坂夏の陣があって、徳川家康は豊臣家を滅ぼしている。徳川幕府が諸大名を圧して、完全に権力を掌握した年でもあった。

婚姻は君父の命令

武家諸法度は鎌倉幕府の貞永式目と同じく、武家のみを対象とした法令だったが、そのなかに「私ニ婚姻ヲトリキメルベカラザルコト」という一項があり、これが後世まで大影響を及ぼしたのである。その直接の目的は、一万石以上の大名に限り、結婚に当たって幕府の許可を要するとして、彼らが勝手に政略結婚をし同盟を結ぶのを禁ずることにあった。

織田信長の妹お市の方の悲劇でも知られるように、戦国時代を通じ軍事目的の政略結婚は盛んに行われ、戦の勝敗を左右することも多かった。徳川家がようやく政権を樹立して、永世平和の秩序をつくろうというとき、強力な大名たちの去就は最大の問題だった。やたら政略結婚によって結束されては一大事だから、徳川家への忠誠の証《あかし》として、結婚許可制を求めたのである。

ところがその後、結婚の許可制がだんだん下に及ぼされて、寛永二〇（一六四三）年には近習の物頭（隊長）まで広げられた。天和三（一六八三）年になると、諸奉行、諸物頭が加わり、それまで武家同士の縁組み規定であったのが、武家と公家との婚姻も許可制になった。宝永七（一七一〇）年に至ると布衣《ほい》（六位の身分）以上の者は、すべて届け出て許可を受けなければならなくなった。

許可制といっても、自由婚を届け出ればいいというものではない。武士は「君父の命にあらざれば婚姻せず」といわれ、決定権は主君と父にあった。しかも父が主君に許可を求めるか、主君が父に（父がなければ本人にだが）命令するかだから、実質は主君の命令によるわけである。本人に配偶者を選ぶ権利はまったくなかった。

寛永から宝永まで約五〇年、その間に幕府の基礎はしっかりと固まり、君臣の義、つまり忠義という道徳を中心とした秩序が完成したわけで、結婚許可制はその重要な一環だったのである。私生活は忠義の裏側に押し込められて、あってはならないもののように扱われた。

その秩序のなかに生きた当時の人々は、私生活を犠牲にするのは高尚なことと思い、別段抵抗を示さなかったばかりか、熱心に実行しようとしていたのである。

江戸城大奥は、将軍の寵を争う女の園で男子禁制だが、将軍だけは自由に彼女たちの中から愛人を選ぶことができ、彼だけに恋愛の許されたエリアだという認識が、テレビドラマや通俗小説によって広まっている。ところが現実は、そんなにおもしろくはなかったようだ。

将軍の結婚は政略結婚で、もちろん自由ではない。家康は北条家に娶らされた正妻築山殿を、信長に脅迫されて暗殺している。これに懲りたのか、その後は側室のみで正室はなかった。二代将軍秀忠は、秀吉の命によって淀君の妹於江与《おえよ》と結婚したが、於江与は五歳年上の再々婚であった。ただし当時女が年上の結婚は珍しくなく、彼女が有名な美人であった（お市の方の娘だ）からか、夫婦仲はよかったといわれる。六代くらいまで、正妻とは政略でも側室選びにだけは、まだ恋愛の匂いがあった。六代家宣は正妻が近衛家の出だが、お喜世の方という江戸下町出の娘を寵愛している。彼女は僧侶の娘で七代将軍を生んだが、たいへん教養があり、学問好きの将軍を惹きつけたという。彼女の側近の絵島という御年寄（大奥役人の最高位）が役者買い事件を起こして大騒動になったが、当時は奥女中も恋愛とまだ無縁ではなかったことが分かる。

八代将軍の女中法度

しかし八代将軍吉宗になると、結婚観に大きな変化が見られる。彼は「女は貞節でやきもちを焼かないのがよい」と言い、容姿を問題にしなかった。教養も求めなかった。側室は数人いたが、性欲を満たし子どもを産ませるためだけの存在で、条件を言って家来に選ばせている。

彼が紀州家から入って将軍になったのは、大奥の御年寄絵島が生島新五郎という歌舞伎役者と密通し、出入りの商人や役人たちと芝居茶屋や吉原で豪遊したという、絵島生島疑獄事件から二年後であった。当然大奥の綱紀粛正が新将軍の方針となり、享保の改革の一環として「大奥女中法度」という法令が作られ、幕末まで用いられた。それ以前にも女中法度は何度か出されているが、絵島生島事件の後だから、この享保法度がもっとも厳しい。

絵島が役者買いをしたというのも、まだ宿下がりの規制が緩やかで、届け出れば期限はあったものの簡単に許されたからだろう。宿下がりというのは実家または身元引受人の家に行って、何日か泊まりがけの休暇を取ることである。享保法度ではじめて「宿下がりなき衆」という言葉が出てくる。お目見え（将軍、御台所《みだいどころ》の面前に出られる資格をいう）以上の高級女中は宿下がりができなくなり、公務以外の外出も禁じられてしまった。彼女たちは家族を長局《ながつぼね》（私室）に呼び寄せることができ、一泊も届け出れば許されたが、女性なら三親等まで、男性は兄弟・甥・孫の九歳までの者に限られた。文通できるのもこの範囲だった。これでは父や兄とは生き別れになってしまう。さらに、重病か老衰以外の理由では退職ができなくなった。

吉宗は大奥改革にあたってまず「美人」を書き出すよう命じ、五〇人ほどリストアップされたものをみな退職させた。美人は結婚しやすい、退職して結婚しなさい。美人でない者は結婚できないと困るから、雇っておく、という理由であった。またずらしく彼の気に入った女中がおり、家来を遣って交渉させると、「親の決めたいいなづけがいる」と言って断られた。吉宗は怒らず、祝い金を遣って退職させたという（大石慎三郎『徳川吉宗とその時代』一九九五）。これらのエピソードは享保法度を出す以前のことなのだろう。当時はお目見え以上の女中でも、退職もできれば結婚もできたということが分かる。ただし親の決めた人とである。

享保法度以後、大奥の高級女中はまったくの籠の鳥で、退職もできず結婚もできず、絵島のような役者買いどころか、芝居見物もできなくなってしまった。

大奥御中臈の証言

その後彼女たちがどうなったかというと、幕末の大奥についての証言がある。考証家三田村鳶魚が大正のころ聞きとりをした、元御中臈（将軍や御台所の側近に仕えて、身の回りの世話をする役人）大岡ませ子の直話である（三田村鳶魚『御殿女中』一九七二）。

「御中臈にも二通りありまして、お清の御中臈とお手付の御中臈とありました。お手付を召し出す時には御用掛（御年寄のなかのリーダー格、筆者注）と相談して御年寄が極めるのです。極まりますと世話親を拵えます。世話親になるのは御客会釈《おきゃくあしらい》か御錠口《おじょうぐち》です」

お手付というのは、もちろん将軍のお手が付くわけである。それを選ぶのは当の将軍ではなく、大奥の自治的運営を担い、表の老中と同格といわれた御年寄という女性役人なのだ。幕末には六人いたという。大奥の内閣に当たる彼女たちが合議して決め、御客会釈、御錠口などの次席役人が世話親という指導監督の役を担当する。お手が付いてもお子様を生まないうちは、世話親の局に同居して監督されていたのである。

そのお手付の身分は旗本の娘に限られた。もっとも、大奥の高級女中になる者は、幕末にはすべて旗本家の出身である。町娘（六代将軍家宣の側室お喜世の方は、浅草の僧侶の娘である）や八百屋の娘（五代将軍綱吉の母桂昌院がそうだったという）が側室に入り込むことはもうできなくなっていた。役者買い事件を起こした絵島も、旗本を養親にして出仕しているので、実家は武家ではなかったのだろう。こういう女中も閉め出されている。

お手付が選ばれたところで、形式的には見合いふうの儀式があった。ませ子によれば「御庭御目見えということがありまして、当人にお庭を歩かせて、上様がごらんなさる」のだが、では見て気に入らなかったら、将軍は断れるのか？　どうも断れなかったようだ。ませ子は言う、「お手付の御中臈といって、美人を択むわけでもありません。慎徳院様（一二代家慶）のおつゆさんなどは、丈の低い、狆《ちん》がくさめをしたような人でしたが」。

なぜそういう著が推薦されるかというと、当の将軍を生んだ側室の親族だからだという。そう選ぶ御年寄にしてみれば、自分の息のかかった御中臈からお子様が誕生して欲しい。そうなれば権力が増すというものである。そこで年寄たちの合議では、多産系の女性が賛同を得やすかった。反対もできにくい。かくて「狆がくさめをしたような」御中臈を、将軍は押し付けられるのである。ませ子は「お控えは四、五人ありました」と言っており、その数人の中でしか将軍は手を付けることができなかった。

一三代家定はお手付が一人しかいなかった。おしがという人で、ませ子によれば「お三の間から取り立てられて」お手付御中臈になったという。いかにも将軍のお目にとまったようだが、お三の間という役はお目見え以下、しかも席以下なのである。お目見え以下は将軍、御台所の前に出ることができない。それでも席以上ならば、遠くからお辞儀をすることができたけれども、席以下のおしがにはその資格もなかった。将軍を見ることも、見られることもできないのだから、お目にとまるはずがない。身分はよく、高禄の旗本の娘だったので、御年寄の誰かに目を付けられて御中臈に昇進し、お手付に薦められたのであろう。彼女は勝ち気で、御台様に一晩お泊まりがあれば、自分には二晩なければ承知しなかったということだが、これも寝る相手を御年寄らが決めていたので、おしがが将軍にねだったりしたのではない。御年寄に文句を付けたのであろう。

維新後売れた『江戸城大奥』

明治維新後、朝野《ちょうや》新聞の企画で記者が元大奥女中たちを訪ね回り、インタビュー記事を「千代田城大奥」と題して連載した。大評判になったので、明治二五（一八九二）年『江戸城大奥』のタイトルで単行本が出版された。これが芝居や小説のネタ本となり、今でも使われている史料である。しかし学問的な史料としては、新聞記事のことだから信用されていない。現在の週刊誌の記事と同様に見られている。そういうものだが、こんな話が載せてある。

「将軍大奥へお成りありてお泊まりあらせらるる節は、御台所もしくは御中臈御小座敷へ出仕してこれにて将軍をお待ち申し上げ、ともに御寝になる。出仕の順番は御年寄これを扱う」。つまり将軍と寝る相手を、御年寄が決めたというのである。ただしその順番は最初から決まっていたようで、それを変えることはほとんどなかったという。しかるべき時期に御年寄たちが合議して決めた順番を、その後は踏襲したのだろう。

さらに、「御中臈二人ずつ御寝所に入る」「二人の中御用のものと御添寝のものとあり」「さて将軍は中央に、御用の御中臈は右に将軍に向かいて伏し、お添寝は将軍の左に少し離れて布団を敷き、背を向けて伏す」という記述が続く。

「御用」は将軍と性関係を持つわけだが、「お添寝」が隣に寝て、何をするかというと、御用と将軍の話したことを聞いて、翌朝御年寄に報告するのだ。これは御用が将軍を色仕掛けで動かさないよう、予防するためだという。まことに念の入った話で、監視付きでセックスなどできたものだろうか。御台所と御寝になるときは、さすがに御添寝は付かないが、次の間に御年寄とお手付でない御中臈が「お伽」と称して寝る（お伽は御用の御中臈と御寝《ぎょし》になるときも同様、次の間に付いている）。やはり監視付きみたいなもので、こんな話は新聞記者が興味本位ででっち上げたのかと思うが、どうもそうでもないらしい。

三田村鳶魚の『武家事典』に、こんな話が出てくる。さる中国の大諸侯の殿様に聞いたとあるが、他の記述から見て安芸四二万六〇〇〇石の浅野侯らしい。

「まことに困った、若いときのことではあり、側に人がいるし、まことにどうもならなかった」というのである。やはり寝所に監視人が付いていたのである。これは鳶魚が明治か大正のころに直接聞いている話だから、本当だろう。子どもが欲しいわりには、セックスがしにくいような仕掛けをしていたのだ。鳶魚は、大名に若いとき子ができないのはこのためだろうと言っている。年を取ればずうずうしくなって、やれるとしても肝心の性欲は衰える。少子化のおそれがあるのにこんなことをしていたのは、武家の恋愛忌避症も極限だという感じがする。

江戸の初期までは「お湯殿の子」と呼ばれる大名の庶子があった。身分の低い女中にお手が付いて生まれた子のことであるが、じっさい湯殿の介添えをしている女中にお手が付くことがあった。八代将軍吉宗は紀州侯徳川光貞が、湯殿で百姓の娘と関わってできた子である。

ところが鳶魚が聞いた浅野侯の話によると、

「入浴などずいぶん困りました。湯殿に行くときは戸口まで小姓がついてくる。湯殿の中は側坊主というものがいるけれども、これは身分が低いので、(殿様に)ものも言えずお答えもできない。（殿様は）湯が熱かったり冷たかったりすると、熱い熱いと独り言を言う。坊主がこれを聞いて戸のところへ行って、何か御意がありますと言う。小姓が何かと聞いて、はじめて湯が熱いというご様子でございますと言う」。小姓側坊主は分かっていても、小姓から取り次いでもらわないと湯をうめることができない、その問答の間、殿様は寒いなかでも裸で立っているわけだ。「ずいぶん困った」だろう。

この話で分かるのは、幕末には湯殿に女がいないということだ。これではお手が付くはずがない。ませ子の話にも「奥でご入浴はありません」とあるから、将軍の場合も女中の介添えはなかったのだ。

お手付きを御年寄など奥の高級役人が選び、誰と寝るかも決められて殿様の自由にならないばかりか、寝所にスパイまで付けられる。とにかく男女間の情愛を危険視したのである。

では当事者たちがこの不自由に対して、よほど苦痛を感じていたかというと、案外平気だったらしい。浅野侯にしても、昔の殿様は不自由だったと言いながら、別段文句を付けるわけでもなく、こういうものだと思って適応しているのである。おそらく八代将軍の大奥改革以後、男女間の情愛を否定する制度が、武家の人々の間にしっかりと根付くとともに、それが当たり前のこととして平然と受け入れられるようになったのだろう。

見合い結婚の源流

昭和二〇（一九四五）年に終わった大戦争以前はもちろん、以後もしばらくは見合い結婚の時代だった。見合いといっても戦前には、本人が好きな相手を選ぶためではない。親や仲人が学歴・収入・家柄などの条件をすり合わせ、本人同士は一度か二度会っただけで、周囲の薦めるままに結婚した。写真を見ただけで決めたという話も稀ではなかった。戦後になると、さすがに何度か会って交際してから、というのが多くなったが、一年も付き合っていれば「長すぎた春」で、二、三か月がせいぜいである。恋愛で結婚するのは「正式」ではなく、好ましくないことと親は反対するのが常だった。

恋愛結婚が公認を得たのは昭和三四（一九五九）年、皇太子（当時）が正田美智子嬢（当時）と新憲法通り「両性の合意」によって恋愛結婚されてからである。当時の結婚の実態は、見合いが七〇パーセント、恋愛が三〇パーセントくらいであった。

見合い結婚の場合、動機は「婚期」である。女性は二〇歳前後、男性は庶民なら兵役（徴兵制があった）を済ませた二一歳から二五歳くらい、知識階級だと大学を終えて就職した三〇歳前後が「婚期」で、親や親戚、勤め先の上司までが配偶者を熱心に探してくれた。本人は「どうぞよろしく」と他人が相手をつれてくるのを待っている。

このやり方は明らかに江戸時代、恋愛禁制下で武家が行っていた結婚法の踏襲である。ただし武家は当人同士の見合いをしなかった。上層の町人・百姓も同じ方法だったが、彼らは見合いをした（交際はしない）。武家は見合いを卑しんで、顔を見ないのを高尚としたのである。武家の頭領たる将軍だけが例外のはずはなく、正妻は京都の公家の娘だが、もちろん前もって顔は見ていない。側室は推薦制で、お庭お目見えという見合い的な儀式はあったが、彼が好き嫌いを言うわけではない。大奥の美女たちが君寵《くんちょう》を競うというのは絵空事なのである。

女官密通事件

歴代の御台所は三代将軍家光以後、すべて公家の出身になった。一三代将軍家定の正妻は最後の御台所といわれた天璋院篤姫だが、彼女は島津家の出ながら近衛家の養女となって結婚している。公家といえば「伊勢物語」「源氏物語」の昔から、男女ともに「いろごのみ」の伝統があり、恋愛結婚をしたし、政略結婚であっても、恋歌を取り交わすなど恋愛を装う手続きを経た。求婚に恋歌や恋文は必須であった。しかし武家が権力を握るにしたがい、公家も次第に武家の風習に染まり、中世以後に自由結婚が難しくなって、女性の貞操もやかましく問われる風潮になっていく。江戸時代の初め、こうした意識変化の矛盾による大事件が起こった。

二代将軍秀忠の治世とはいえ、家康がまだ存命で、大御所として実権を握っていた慶長一四（一六〇九）年、後陽成天皇の後宮で天皇の側室も含む五人の女官が、若い公家たちと恋愛遊戯にふけっていたことが発覚した。

織田信長に仕え、「信長公記」「太閤様軍記のうち」などを著した太田牛一が、老齢に及んでこの事件を見聞し「太田和泉守覚書」という記録を残している。それによって事件の経過を追ってみよう。

そもそもことの始まりは「お公家衆より殿上の雲の上びと、上臈衆へお心を移され、短冊を贈り、たがいに心うつうつとそぞろになり、しのびしのびのおん遊び」とまさに王朝風の恋愛遊戯。太田も古典の教養ある人だから、そのようにイメージして書いている。おそらく宮中には、まだそんな伝統的雰囲気が残存していたのだろう。

女官数人、公家数人のこの交際は、やがて漏れ聞こえて後宮内でまず問題になった。女院、女御、天皇の乳母などが乗り出して当事者を尋問し、内々で解決しようとしたが、天皇の側室が加わっていたため「留まり難くおぼしめし」上聞に達したところ、まさに「逆鱗」に触れてしまった。
天皇はこれを姦通と認識し、厳罰を決意したが、まず幕府の意向を打診しなければならなかった。重大な決定は実権者である武家の承認が必要だった。大御所家康はこれに対して所司代板倉勝重を通じ、「お心のままに処罰遊ばしてしかるべし」と伝えたのだが、その結果天皇が全員の死刑を主張したのには反対した。

「仰せは余儀なく候へども、内裏にてさやうに大儀なるご成敗は近代承り及ばず。かへって世間の毀誉褒貶《きよほうへん》、外聞笑止に存じ候あひだ、流罪に行はれてしかるべく候」

天皇は聞き入れず、結局家康は独断で一同を流罪にした。姦通死罪を主張する天皇を、武家が「外聞笑止」などと留めたのだからあべこべである。天皇がここまで武家風になり、武家のほうに「公家は人殺しを忌み、ことに姦通死罪などは行わない」という感覚が残っていたのはおもしろい。家康はこのとき六六歳で、中世に片足かけた時代の人だからだろう。
太田牛一はこの事件を、天皇が悪い運勢の生まれである上、神々へのお祈りが足りなかったからだと評しているが、ことは天皇個人の損害に止まらなかった。ここで家康に押し切られたことが、以後幕府による公家への支配を強める契機となり、間もなく元和元（一六一五）年、禁中並公家諸法度が発布され、朝廷は武家法に服させられるのである。

家康はもともと公家支配をねらっており、この事件を得難いチャンスとしてそれを押し進めたのだといわれる。王朝の自由恋愛の伝統は、この事件を以て終焉を迎えたといえよう。歴代将軍の御台所が公家出身であっても、大奥に入っては厳しい武家風の風紀を守り、伊勢や源氏は形式的教養として読むだけになってしまった。

姦通死罪と三行半《みくだりはん》

男女相寄る人間の本性を、一片の法令で規制しようというのはずいぶん無理な話である。それにもかかわらず自由婚禁止の法令はよく守られ、人々の心から恋愛の情熱を奪ってしまい、結婚は義理と義務になり終わった。しかしそうした結婚生活がうまくいかない人々もあったので、離婚はしきりに行われ、姦通も珍しいことではなかった。

江戸時代の刑罰は非常に厳しく、姦通は死罪に当たった。初期には実際処刑があったが、他罪が重なった場合が多いと思われる。近松門左衛門が実際の事件をもとに書いた「大《だい》経師昔暦《きょうじむかしごよみ》」をみてみよう。おさんと茂兵衛の磔刑にしても、姦通だけでなく、二人は主人の金五〇〇両を持ち逃げしている。それだけでも死刑は免れない。夫を殺したりすれば、姦通がなくとも十分磔刑に値する。しかし単なる姦通だけならば、親告罪といって被害者（夫）が訴え出なければ罪にならずそれきりであった。

武家の場合体面を重んずるので、他人に知られないよう離縁しておしまいというのが多かったらしい。妻が自殺させられ、病死としてごまかすのも一つの解決法だが、ばれたら悪い評判が立つ。夫が自身で姦夫姦婦を殺しても法律では無罪になるが、じっさい姦通があったのか、たしかなところを公に吟味されるから、とても体面は保てない。姦夫を討ち洩らしたら、「女敵討《めがたきう》ち」といって尋ねだして討つほかなく、討ってもたいへんな不名誉とされ、身分が格下げになったり、やむを得ない辞職が待っていた。妻に姦通されるなど武士の名折れであるから隠さねばならず、隠すには離縁しかなかったのである。

庶民も上層は離縁だし、中下層は離縁してもしなくても、相手の男から賠償金を取って示談にするのがふつうだった。賠償金を間男の首代といい、「七両二分」であったという。江戸も中期以降になると、示談が常識になってしまったので、人妻を口説くときに「七両二分は心得ている」とふざけたりした。

たしかに女性は貞操を問われるようになっていたが、まだ処女を重んずるふうはなく、したがって再婚は差し支えなかった。離縁状（いわゆる三行半《みくだりはん》）は、じつは再婚許可状であり、必ず書いてある「いずかたへ縁づき候とも構いこれなく候」というのが主旨なので、女性側が欲しがるものだった。取りさえすればすぐにも再婚ができたからである。風紀厳格な武家でも離縁は平気で、再婚もさかんに行われた。

妻の座と財産

武家の男性の場合、実質的には多妻で、妾というものが公認されていた。しかし王朝の多妻制と違い、複数の妻を持つことはできず、妾は妻の召使いの身分であった。奥の人事権は妻にあり、妾は妻の承認を得て持つものとされた。跡継ぎがないと家が断絶させられるので、妻も子がなければ（あっても一人二人で、死なれたら困る場合も）妾を薦めることがあったのである。そのかわり人事権があるから、妻は妾をクビにもできた。妾を置く正当な理由として認められるのは、子どもがいないということだけで、理由なく惚れた女を妾にするわけにはいかない。武士は有事の場合、いつ何時でも招集に応じて出仕しなければならないので、夜間の外出を禁じられていた。外に妾を囲って泊まることはできないのである。身分の低い者は内緒で夜も出歩いたが、一応の身分のある者は出なかった。恋愛沙汰はあくまで禁制で、これを破れば罰せられ、家に傷が付き役職（地位）を失う危険がある。私生活の乱れは厳重にチェックされた。そのため子どもがいなくても、妾を置かず養子を取って解決する場合も多かったようだ。

　妻が死んだり、離婚したりして独身となった男は再び結婚せず、召使いを妾として暮らすこともあったが、妾を妻に昇格させることはできなかった。

　これらのルールは江戸初期にはまだ確立せず、相当自由もあったようだが、中期以後は法令ができて厳重になった。男女間の愛情を全否定して、そのかわり武家の家庭は形式的に安定したのである。ことに正妻の座は離縁以外には誰にも取られることがなく、離縁されても再婚は容易だった。離縁が多ければ再婚相手も多い道理だし、周りの人々が探して連れてきてくれるので、新しい配偶者を捕まえる苦労もなくてすんだ。妻の財産は離縁のときに嫁入り道具、持参金など実家から持ってきた財産を、すべて持ち帰るのがルールで、夫は妻の財産に手を付ける権利がなかった。伝統的な夫婦別産はまだ保たれていたのである。自由恋愛の時代より、考えようによっては女性が生きやすかったといえるかもしれない。

　町人の下の階層では好き合って結婚することもあったが、たいてい親方など目上の人の世話で相手が決まる。武家ほど厳重ではないが、やはり愛情よりも義理の夫婦であった。中下層の農民では、古代以来の伝統である「よばい婚」が行われていて、恋愛婚ではあるが現代の恋愛とはかなり異なっていた。狭い婚姻圏のなかで、限られた時期に結婚を強制されるので、純粋の自由恋愛とはいえないものである。しかし現在のような、もてない人間が救われない、結婚が難しい自由より、勝る長所もあった。この「よばい婚」の実態については次章の明治時代で詳述しよう。

「悪所」は恋愛解放区

売春は一夫一婦制に必ず伴うといわれる。いったん結婚したが最後、男女とも貞操義務に縛られるので、男は抜け道として後腐れのない買春に走るし、女は厳しい禁制を受けてもしばしば姦通をする。江戸時代は妾を公認していて現代的な意味での一夫一婦制ではないが、正妻は一人しか認められず、その地位は安定しており多妻制ともいえない。ことに武士の場合、公認されていても男が妾を持つには、前述したように制限があるから通常は一夫一婦だった。女の姦通は死を以て脅かされた。相手の男側も厳罰を免れず、大冒険である。自由な恋愛ができないという事態によく適応したまじめ人間は、恋愛不感症になって義理で結ばれた相手と平和に暮らしていた。そのまま一生を終わる者も多かったが、ひとたび誘惑に遭って甘い恋の蜜を味わえば、とても不感症のままではいられない。この人

高級遊女とは引手茶屋に呼び出して会う（北尾政美画「仲之町昼夢見草」天明３年，三谷一馬『江戸 吉原図聚』1992年，88-89頁）

間の本性に付け入った商売が、女性を相手にしては芝居と音曲、男性を相手にしては売春であった。

芝居小屋と遊郭はともに「悪所」と呼ばれ、そこに出入りするのは褒められたことではなかったが、にもかかわらず出入りしない者は少なかった。表向きは厳しくとも、裏には風穴を開けておくのが得意な時代で、「悪所」は公認されていた。しかし当局の目に余ることがあれば、突然の取り締まりに遭う。

芝居は男性・女性ともに愛好したが、男性はもう一つの悪所、遊郭にも行くことができた。江戸で遊郭というのは公許されている吉原のみを指し、その他の公許されていない売春宿を岡場所《おかばしょ》といった。江戸初期には吉原以外の売春業を厳しく取り締まったが、当時の江戸は女が二〇パーセントしかいないという新興都市で、勤番侍《きんばんざむらい》と呼ばれた単身赴任の武士、地方から職を求めて流入する男性労働者ばかりが多かったから、女ひでりもはなはだしい。結婚は「栄耀《えよう》（ぜいたく）の沙汰」といわれたくらいなので、当局もだんだん罰則をゆるめ、黙認するようになった。ときどき発作的に取り締まりを強行したが、モグラ叩きもいいところで、新たな岡場所がすぐどこかにできてしまう。後述するが私娼もたいへん多かった。吉原は高級で料金が高く、女は遊女と呼ばれ、岡場所は廉価で女は売女《ばいじょ》といった。江戸の出口に当たる品川、新宿、板橋、千住の四宿場には、飯盛《めしも》り女と称して半公認の遊女を置くことが許されており、吉原に次いで繁盛していた。

こうした玄人を相手とするなら、恋愛が許されたというのが禁制下の裏面なのである。

芝居にときめく女

現代から見ればじつにおかしな話だが、恋愛は悪徳で売春は悪徳ではなかった。娼婦とならば恋愛結婚ができ、じっさいする男が多かったのだ。

男性の恋愛解放区が売春地帯だとしたら、女性のそれは芝居であった。男性にも芝居マニアはいて、見巧者《みごうしゃ》という純粋の芸術愛好家もあれば同性愛者もあり、役者の同性間売春が公然と行われていた。同性愛についてはまったく禁忌がない。武士の間では女色より上等とされ、大名は美しい児小姓《こごしょう》を抱えるし、上下を問わず盛んであった。江戸中期以後衰えたが、おそらく男同士の嫉妬などで暴力沙汰が多く、当局に取り締まられたことと、同性愛では子どもができないから、家の存続が危ないというのがその理由だと思われる（氏家幹人『武士道とエロス』一九九五）。

しかしなんといっても芝居見物客の主役は女性である。歌舞伎芝居は男性のみで演じられるから、異性に熱を上げたい欲望を満たしやすい。女性の芝居好きはたいへんなもので、身分の上下を問わず熱狂した。

大奥では御台所と高級な女中は芝居を見に行くことができない。そこで「お茶の間」と称する芸のできる女中を雇っておき、彼女らを役者の元へ習いに行かせて、舞台をしつらえ民間と変わらない歌舞伎芝居を上演させた。宝塚の少女歌劇みたいなものだが、一回の上演に千両もかかったというのが先述の大岡ませ子の証言で、御台所天璋院の実家（島津家）が裕福で費用を出したから、「十二分のお催し」があったという。

身分が下で宿下がりのできる女中は、とにかく宿下がりごとに芝居を見に行かずにはいられなかった。このため、奥女中を喜ばすような場面が多く作られたほどである。

大奥では女中ばかりで芝居を演じた（三谷一馬図，三田村鳶魚『御殿女中』1971年，付録図）

また大奥女中にも正規の職員ではなく、高級女中に召し使われる「部屋方」というのがあり、彼女たちは富裕な百姓・町人の娘で、行儀見習いの高等教育として大奥女中の召使いになる。花嫁修業だから、二〇歳前後の婚期の内に退職するし、在職中も宿下がりができた。自由な立場だけに芝居見物もしばしばだったであろう。この連中も一般には大奥女中と思われていて、奥女中と芝居は付きものとされた。

文化文政（一八〇〇年代の初め）のころ書かれた松浦静山の随筆「甲子夜話《かっしやわ》」巻六に、「予が若年のころまでは……今と違い所々の奥方など戯場（芝居）へも構いなく往きたるに」とある。静山は六万五〇〇〇石、肥前平戸の大名であった。彼は宝暦一〇（一七六〇）年の生まれだから、二〇歳前後は安永、天明（一七七〇～八〇年代）、江戸も中期を過ぎている。彼が奥方と呼んでいるのは大名の妻であろう。旗本の妻なら奥様、その下の御家人の妻はご新造と呼び分けられていた。大名でもご三家では御簾中という。つまり大名の妻が自由に芝居を見に行っていたということで、大奥とは相当違う。

さらに旗本の奥様ともなれば、少しさかのぼった五代将軍綱吉のころの話ではあるが、「久夢日記」なる風俗・巷談集にこんなことが書いてある。大名家から大身の旗本に嫁いだ奥様が芝居マニアで、ひいき役者の紋を染めた衣装を着て、同じくそれぞれのひいき役者の紋を付けた衣装の女中たちを召し連れ、月に一〇度も見物に行く。芝居がはねると、役者の帰りを辻に立って見送る、つまり追っかけをしたというのである。家来たちは奥様の行状で、お家に傷が付かないかと心配したが、殿様も吉原の常連、歌舞音曲を好み、奥様とは合奏をしたりして仲がよかった。その上有能で、後にかなりの出世をしたという。

こんなマニアはそんなにいないにしても、ときどき芝居を見に行くのは上下誰でもやったことだった。当時は芝居茶屋というものがあり、桟敷（観客席、そのチケット）を取ってくれる。桟敷を買った客は当日まず茶屋の座敷に上がって、着替えをしたり化粧直しをしたりしてから観劇した。美しい装いを見物客に誇示するのも楽しみの一つだった。食事時には桟敷に弁当や茶・酒を運ばせ、上演が終わるとまた茶屋で酒宴をして、役者に挨拶をさせたりした。ここで金のある女が役者を買うといわれていたが、もちろん真相は秘密である。庶民は茶屋など利用せず、平土間席へ直接入って見るか、大芝居ではなく廉価な小芝居を見るなどしたが、この階層の女性たちにとっても何よりの楽しみで、ひいき役者に熱狂した。八代将軍吉宗の改革後も、この風潮はさして改まることはなかった。役者を擬似恋人とすること、女形の衣装・髪型を真似た流行の粧いをすることで、禁じられた恋愛は代償されたのである。

世話浄瑠璃の流行

また女性自身が音曲をたしなみ、弾き手歌い手の男に熱を上げることが、芝居見物よりも危険な恋愛遊戯として広まった。浄瑠璃節という三味線に合わせて物語を歌い語る音曲が、江戸初期から流行していたが、最初は鎌倉・室町の物語文学に材を取って、けっして品の悪いものではなかった。それが正徳（一七〇〇年代の初め）のころに京・大坂で流行していた現代物（世話浄瑠璃）が入ってきて、江戸人を魅了したのである。都太夫一中という浄瑠璃師が下ってきて大当たりを取ったが、ことにその弟子で宮古路豊後丞《みやこじぶんごのじょう》という語り手が熱狂的に迎えられた。

世話浄瑠璃というのは要するに恋愛ものである。それもじっさいにあった心中、姦通、殺人などの破滅的事件を脚色したものだった。いずれも恋愛という禁じられた情に溺れたため、命を失う人々の悲劇である。現代人から見れば、人間の真情を衝いたテーマと思われようが、当時の道徳に照らせばとんでもない退廃であった。

儒学者太宰春台はこの流行を怒って、「春台独語」でさんざんに攻撃している（「江戸服飾史談」二〇〇一）。

「ただ今の世の賤者淫奔《せんじゃいんぽん》せしを語る。その詞《ことば》の鄙里猥褻《ひりわいせつ》なること言うばかりなし。士大夫の聞くべきものに非ざるは言うに及ばず、親子兄弟並み居たる所にては、面を背け耳を覆うべき事なり」

ところが「士大夫諸侯までもこれを好み、一ふしを学ぶ人あり」というありさま。「この浄瑠璃盛んに行われてより以来、江戸の男女淫奔せる者数を知らず。元文(一七三六~一七四一)の年に及びては士大夫の族は言うに及ばず、貴官人の中にも人の女に通じ、あるいは妻をぬすまれ、親類中にて姦通する類、いくらという数を知らず。これまさしく淫楽の禍いなり」。

当時の儒学者が大まじめで言っているのだから、嘘ではないだろう。元文といえばまだ賢君八代将軍吉宗の治世、彼がしきりに改革を進めている時期なのだ。それでこのありさまだとしたら、恋愛禁制のいかに無理・無効であったかの証拠といえよう。

「淫楽」を広めた宮古路大夫は元文四(一七三九)年、ついに幕府から宮古路節停止を命じられ、活動を禁じられてしまった。彼は翌年高い身分の女性と心中し、自分の淫楽を実践して見せたという。

しかし世話浄瑠璃はその後も常磐津、清元等の語り物となって、絶えることはなかった。

その情調に酔い痴れる、危険と紙一重の空想恋愛。儒学者連の非難にもめげず、女性たちは淫楽をもてあそんで倦《う》まなかった。

遊里の繁盛

女性は表向き貞操を縛られていたが、男性は買春を公然と許されていた。その相手になる売春女性は、当たり前だが貞操を縛られない。しかし彼女たちは売春をしたからといって貶められもせず、やがては売春をやめて結婚するのがふつうだった。一般の女性にしても、武家を含めて処女性を問われることはなく、離婚・再婚は問題がなかったことは前述の通り。しかし堅気の女性は恋愛ができないから、主人や親の選択を受け入れるほかない。売春婦は恋愛が許されていたので、恋愛結婚をすることができた。男性の側からしても、恋愛で結婚したいなら売春婦を選べばよかった。そういう考えを持つ男がかなりいたとしても当然であろう。ただし武家は難しかった。身分の釣り合った相手でないと、結婚が許可されないからである。

遊女も売女も客を惹きつけるために、よく起請文《きしょうもん》というものを書いた。これは神々に誓って約束をする文書で、もし破れば神罰をこうむると信じられた。中世から盛んに用いられたが、別に恋愛専用ではない。何でも重い約束なら書いたのである。遊女らが書くのは結婚の約束で、日本法制史家の石井良助が「江戸時代漫筆」で実物を示しているが、いずれも「夫婦の約束致候事」「そもじ様と二世かけてめおとになりまいらせ候」「夫婦の契約いたし候ところ実証なり」などとある。男が結婚したくないなら、こんなものは出てくるはずがない。

遊女の起請文というのはずいぶん乱発されたらしく、「罰当たり女郎の百枚起請」といわれ、七五枚までは罰が当たらないとされたそうである。とにかく売春婦と結婚したがる男がかなりいたことは間違いない。

幕府はしばしば「隠売女《かくればいじょ》」の取り締まりを行っているが、売春そのものを罰しているわけではない。罰せられるのは吉原という公認遊郭以外のところで、女を抱え売春をさせている無許可業者である。業者が捕まると女たちは吉原に下げ渡された。吉原としてはただで女が手に入る。吉原中の業者が集まって競り売りが行われ、奴遊女《やっこゆうじょ》といって三年の年季だった。売春そのものを罰するとか、やめさせるという考えは当局にはなく、無許可営業を厳しく禁じたにすぎない。

恋愛は禁じても売春は禁じないわけだから、遊里というものが非常に繁盛したのは当然である。そして男がそこに求めるものも、現在のような単なる性欲のはけ口とか、女性に対する支配欲とか、もてない男のやむを得ない選択とかではなかった。

なにしろ江戸は女ひでりだから、女なら何でもいいということで、船饅頭《ふなまんじゆう》、夜鷹《よたか》、蹴《け》転《ころ》などと蔑称で呼ばれたごく下級の売春婦にも、下級の客が多かった。しかしこういう娼婦たちでさえ結婚することがあり、前身を軽蔑されることもなかったらしい。有名な随筆「耳袋」の著者根岸鎮衛《やすもり》は、天明、寛政のころ活躍した能吏で、勘定奉行、さらに江戸町奉行を務めた。彼はその「耳袋」のなかで、客の手代《てだい》（商家の使用人）が忘れていった大金を保管し、無事に返した夜鷹がその手代と結婚した話を書いている。手代の主人も勧めて結婚させており、著者は大身の旗本だが、夜鷹と堅気の男との結婚をまったく不思議としていない。彼女の善行を賞しているばかりである。

芸者や花魁は頭がきれる？

いわんや吉原の花魁《おいらん》ともなれば、威張ったものであった。江戸初期には奉行所で会議の折、茶の接待係として吉原から遊女を派遣していたほど公然たる存在で、上級の者は富裕な町人と結婚したし、中級は役者、芸人、小商人、職人の妻になるのが定番だった。

人情本「契情肝粒志《けいせいきもつぶし》」（文政八年）によれば、若い大工の棟梁が、武家の屋敷で大きな仕事をして大金を儲け、自分も妻も衣類装身具などを買ったが、まだ余りがあった。そこで彼が思ったのが、「われは卑しき大工なれども、男と生まれし名聞に、一度は呼び出しの花魁を買ってみまほし」ということなのだ。伝手を求めて呼び出しと称する一流の遊女を一夜買うことができるのだが、美しいばかりか恐ろしく頭の切れる花魁の、楼主に対する待遇改善要求みたいな謀計に巻き込まれ、例の夫婦約束を信じて振り回される話が展開する。彼の妻は「もと深川の芸者なれば、なかなか愚鈍（ぐうたらべい）な気性にもあらず、目から鼻へ抜けるほどの怜悧《りこう》者なれば」花魁に迷った夫をたちまち見限って、「とても縁のねえのと諦めてしまったから、おめえもその気で、きれいに暇を出してくんなせえ」「早く男らしく去り状を書きねえな」と啖呵《たんか》を切って離婚を迫る。花魁や芸者は頭のいいのが多いと思われていたらしい。「男と生まれし名聞」に一流の遊女を買うというのも、それが世間から評価される行動だったからに相違ない。もと深川芸者の妻は、啖呵のなかで「わたいもね、おめえの知っていなはるとおり、深川の泥水を飲んで、多くの人にも付き合い、大概のことぁこっちから承知して、うっかりと気を許したことァなかったが」と言い、売春をしていたことを隠していないし、後ろ暗い過去だとも思っていない。男をよく知っているから気を許したこともなかったのに、「おめえにばかりゃあ欺されて、真実な人だと思ったのが一生の誤り」。去り状を取ったら「今度は頼もしい人を見立てて」と言っており、すぐ再婚するつもりなのだ。

こんな状況だから、遊里に行く男は「恋愛」が目的なのである。そここそ恋愛解放区、好きな女を自由に選べるところなのだ。

男の恋愛能力を問われる吉原

洒落本『古今吉原大全』は、明和五（一七六八）年刊行で吉原の故実を述べたガイド・ブックだが、その冒頭「発端」という部分に、若者が寄り合って吉原通いの体験をしゃべり合う場面がある。「若旦那様」と呼ばれ、下男と女中を使って町なかのしもた屋に一人で住んでいる青年、裕福な町人の息子であろう。同じような友だちが訪ねてきて、吉原話になる。

「さだめてモテ山であらふ」「いやそふでもないが」「勝のや花ぞのがはなしにきたか」「こちとらがうわさを毎日するといふた。箸紙にもうゆふ様とやらなんとやら書き付けたを禿《かむろ》（遊女見習いの少女）に言いつけてださせたは」「ハテそれはきついことの（たいしたモテ方だ）」「そして酒をのもふといへば禿がよしなんしと銚子をかくしてすっきとのませぬ。女郎めが勝手にしなんしとはらをたつから、ゆふべはあんまりのまなんだ」「それはきっときまり（恋仲がうまく成立した）だ。床ではどふであった」「いやもふ、床ではべっしてはなしもないが、この中ほかの客が芝居へつれていったげな。まだいろいろはなしもしたが、いちいちは覚えぬ。それにおらがあいかた（相手の女郎）は癪持ち（急に胸や腹が痛むくせ）で、心安がって背中を揉んでくれの、さすってくれの、なんのといふてどふもならぬ。まあこふいふことだから、ずいぶん仕打ち（彼女の態度、振る舞い）はいいが、とかく寝ごい（眠たがり）にはこまる。おれはいじわるく（悪い性質で）目が冴えて寝られぬから、ゆすりおこして見れば、拝みんす、ゆふべも癪で寝られぬから、今夜はねむいものをといふにどふもむごくて（気の毒で）おこされもせず。今朝までおればかりまじまじとしていたゆへ、けふは一倍ねむくてならぬ」

箸を包んだ紙にその客の名前を書いて出すのは、馴染み客にたいする好意のしるしとされた。「三回目箸一膳の主となり」という川柳があるが、三回通うと「馴染み」とされ、誰でも箸に名が書いてもらえる。それを「もてた」と思うのである。この若者たちは「もてる」ことを目的に吉原通いをしているので、自分の欲望をとげたいだけのことではない。女郎という言葉を使っているが、これは軽い敬称である。公許の店に属する娼婦の公称は遊女、公許のないいわゆる岡場所の娼婦の公称は売女だが、面と向かっては敬称を使う。吉原では花魁《おいらん》ともいったが、これは女郎以上の敬称で、もともとは一流の遊女を指した言葉である。客は自分の友だちなどには「おらが女郎」などというが、その女郎に相対するときは「花魁」とさらなる敬称で呼ぶ。

この例では床のなかでどんなむつごとを言い合ったか、が話題になっており、また彼女に頼まれてあんまをしてやり、拝《おが》みんす、ねむいといわれて性行為をあきらめている。金で買った女に対する態度ではなく、恋人扱いなのである。

女のいやがることはしない、女の喜ぶことをする、というのがもてるルールで、反すれば「いけ好かない客」と嫌われてしまう。もちろんそういう客も多いわけだが、彼らも「もてたい」ので、金を出したのだからなにをしてもいいとは思っていない。女のほうも実のあるところを見せ、客の酒がすぎるならあまり飲ませないようにするなど、とにかく「仕打ち」がいいのである。

田舎侍はばかにされ

勤番侍といって、参勤交代のお供をして江戸にきた田舎侍は、吉原では嫌われて軽蔑の対象だった。彼らは男女七歳にして席を同じゅうせず、とお堅く育てられ、女性を蔑視する武家社会に生きてきたので、千軍万馬の花魁をうまく扱えるわけがない。そのくせ必ず

勤番侍は吉原ではばかにされた（歌川広重画「出謗題無智哉論」文政５年，三谷一馬『江戸 吉原図聚』1992年，352頁）

吉原へは行きたがるのだが。恋愛能力がないというので遊女、芸者、太鼓持ち、妓楼の使用人にまで侮蔑され、下手をすると座敷に放っておかれて女は現れず、金だけ取られることもあった。これを「振られる」といい、恋愛仕掛けであきらめさせるのである。「留めても帰る、なだめても、かえるかえるの三ひょこひょこ、とんだ不首尾の裏田圃、ふられついでの夜の雨」という小唄は、この振られの情趣（？）をうたったもの。「花は桜木、人は武士」と、武士を褒めることわざがある一方、「人は武士、なぜ傾城《けいせい》に嫌われる」という川柳もある。

じつは勤番侍は、数が多くて吉原にとっては儲かる客であったし、振るのも女を売らないで金だけ取るというあこぎな営業政策であった。それを恋愛の擬態でうまくごまかすわけだ。「あれは客、おれは間夫《まぶ》（愛人）だと思う客」という川柳は、欺される男の心理を衝いている。

営業政策の恋愛仕掛けにはこんなものもあった。「客馴染みし家に至らず、他の娼家に行きてなじみ遊ぶを制すること、この廓《くるわ》のならわしにて」。つまりいったんある女郎に馴染んだら、ほかの妓楼へ上がって馴染みの女を拵えてはいけなかった。浮気禁止である。これをやると先の店の女から、後の店の女へ「付け断りの文」というものを送る。そこには「誰それさまは私の客ですから、あなたのところへ行ったらお知らせください」とあり、菓子や肴が添えてある。後の女が知らせてきて、客を返してよこせばいいが、知らん顔で関係を続けるとただでは済まない。先の女は「新造に指揮して大門に埋伏せさせ、客の帰路を待ち受けて捕らへ来る。その騒動いはんかたなく、新造駒下駄の鼻緒を切って溝へ踏み込み、客は用水桶を小楯となして手桶の水を頭よりかぶり、誰《た》そや行灯《あんどん》をひっくり返し……見物人の山をなして行く道をさえぎり、つひに大勢に捕らへられてかの馴染みの家にいたる（青楼年中行事《せいろうねんじゅうぎょうじ》）」と、女どもの集団暴力に遭って拉致されてしまう。中世のうわなり打ち、騒動打ちの伝統が生きているのである。先の女は浮気客を迎えてさんざんその非を糾弾し、新造（花魁見習いの少女）、禿、遣《や》り手婆《てばば》や若い者など妓楼の使用人まで加わって大勢でいじめる。もちろんふざけ半分で、客が本気で怒らない配慮はしているのだろうが、ひどい場合は髷を切ることさえあるという。結局妓楼の亭主が出てきて仲裁をし「仲直りの杯」を交わして落着となる。馴染み客を逃がさないために、嫉妬のうわなり打ちを演出するわけだ。手順は決まっており、形式化していて騒動もたくみな宣伝広告だったらしい。

「卵の四角と女郎のまこと、あれば晦日に月が出る（長唄・吉原雀）」と歌われながら、男は吉原へ行くときには「風流を尽くし」せいいっぱい着飾ってモテようとした。そこには恋愛らしきものが溢れていて、強く男を惹きつけ、彼らは恋人風の態度を取るように仕向けられたのである。売春を修飾する恋の擬態にすぎず、現代風、西欧風の精神的恋愛とはかけ離れたものではあるが、少なくとも男女の愛情表現の仕方、コミュニケーションの取り方を教えられる世界だった。

悪所と呼ばれて「その手で深間《ふかま》に浜千鳥（吉原雀）」と、深間に嵌《はま》ったら怖い、金に詰まって命を落とすか、性病（梅毒が蔓延していた）にかかるか、暗黒面をあげれば切りはないが、恋愛禁制下のわが国では、自由恋愛の伝統はここにのみ存続し得たのであった。

売春の盛行

当局の取り締まり、吉原からの探索と密告（商売敵の撲滅、そこの女をただで手に入れる利益のために熱心だった）にもかかわらず、岡場所（非合法売春地域）は減らないし、夜の街頭に立って客を引く下級の売女も後を絶たなかった。夜鷹、蹴転などという立ちん坊たちは、みな「親方」、つまりもぐり（無許可）の売春業者に雇われて、というより買われて働かされている存在だが、個人でひそかに性を売る女たちも多かった。

女性が売春をする動機は、家庭の貧困や借金のため、というのは現代でも少なくないそうだが、江戸時代の売春業者への身売り（人身売買は禁じられていたので、形式上は年季奉公）もたいてい同じ理由である。親など家族が大金を前借できるからだ。夫が経済的に行き詰まって、妻が身を売る場合もある。

もう一つの別の動機は、自分が贅沢をしたい、または生活に余裕が欲しいというもので、こちらは個人売春になる。業者というのではなく、仲介者がいて逢い引きの部屋を提供したり、客を紹介したりする。出会い茶屋という現代のラブホテルに当たるものもあった。

洒落本「永代蔵」は、横井也有作らしいといわれる戯文だが、これを読めば女を買う気などなくなって、永代蔵が建つという意味の外題だそうだ。素人売春の裏面と、下級売女の実態を書いている。

「針妙《しんみょう》といふはお物縫にて針手の利きたる者なり。お上の奉公人にして一段茶の間より上がりたるものなりしが、今は渋皮の剝けたる顔さへ持てば、手ぬぐひの端縫い、お尻のほころびも人を頼むくらひでも、しんめうにて候とて」お屋敷で勤まる世の中だ。彼女たちには食事付き、お仕着せという着物の支給はあるが給料は年に三分から一両で、小袖一枚の半分にもならない。それなのにたいした贅沢な装いをしている。

「加賀羽二重の白無垢、中には黒ちりめん金糸まじりの縫いをさせ、上には花色りんずの切立こりこりするを着飾り、琥珀《こはく》織《お》りの幅広帯、白ちりめんの抱え帯に褄《つま》をたたかせ、たいまい（鼈甲《べっこう》）の大櫛、一尺八、九寸もありそふな照りのよい笄《こうがい》、銀のかんざしは秤にかけては三、四拾匁《もんめ》もあらふと思はるるをいただき、そのほか添櫛、くしおさへのとて弁慶が七ッ道具ほど飾り立て」て、仕える奥様など足下にもよれない装いである。彼女らは給料に文句を付けないかわりに、月に六度の宿下がり、そのほか神仏への参詣に外出するのが四、五日と休暇を欲しがる。その休暇に「小宿」、つまり売春の斡旋をする家へ行って、男と会うのである。ふつう六人ほどの男を持っていて、高い料金を払わせている。皆々屋敷勤めの女中だからというので、喜んで欺される。「御殿女中とギヤマンの船は、褒めちゃ見れども乗られまい」とうたわれたくらい、屋敷勤めの女は珍重された。それは禁男の園にいる珍しい女、容姿美しく教養ある女だからだが、実態はこんなもの。

針妙というのは大奥でいえば呉服の間と呼ばれる、裁縫をする役である。高級な女中ではない。屋敷勤めの女中といっても、大奥を頂点に大名家から旗本、大名の家臣の家まで、さまざまの階層があり、役柄も上から下まで、いろいろあるということが下々の者にはよく知られていない。立派な身なりをして、御殿女中でございといわれれば、それだけで引っかかるのである。

もっと手の込んだ詐欺もあった。根岸鎮衛の『耳袋』（巻の二）にある話だが、お数寄屋者といって江戸城内で茶礼、茶器の扱いに当たる者が、公用で上京した。そのおり「京女郎はいかにもやさしく、あずまなる女とは違いぬるということなれば」金で買える傾城遊女ではなく、常《つね》の女と逢って土産話にしたいと思い、旅宿の主人に相談した。すると主人が「少し入用だに掛け給わば、大内の官女にも契りなん」というので大いに喜び「なにとぞ官女と枕を並べ、生涯の物語にもせん」と大金を約束して頼んだ。

祇園の料亭で待っていると、年頃二〇歳ばかりの艶なる婦人が、美麗を尽くした官女の装いで老女と侍をお供に連れ、立派な乗り物（漆塗り蒔絵の駕籠《かご》）に乗ってやってきた。「歌をみてもらいたいそうだが、よいこころがけである」などとお供が挨拶して、「うちくつろいで鄙の話などお聞きあらんもお慰み」と酒・料理を出させる。男は恐れ入り驚喜し這いつくばって平伏、ようよう官女の気高い容色をうかがうばかり。やがてお供は席を外し、二人きりになって雲雨《うんう》の交わりをすることができた。しかし費用はさすがに高いものであった。ところが後に聞けば京都にはそういう詐欺師がおり、衣装諸道具を借りて貴女を装う売女、お供も一味のこしらえ者だろうということだった。

これらは高級売春だが、若い女が茶屋や船宿などに勤めていて、アルバイト売春をする者も多かった。芸者は芸を売るので、お座敷に出れば玉代《ぎょくだい》（出演料）が入る。しかしそれだけでは贅沢な衣装その他がまかなえないから、特定の旦那（パトロン）が付いたり、何人かの男を持ったりした。吉原の芸者は花魁の領域を侵さないよう、売春を厳禁され、衣装も地味な縞ものなどで、島田髷の元結いさえ黒いのを結んでいた。それでも裏での売春はあったらしい。

売春する女たちの行く末

こういう女たちも、いずれ足を洗って結婚するのがふつうで、相手は彼女と生まれが見合った階層の男である。自由結婚もあれば、親族や勤め先の主人など、周囲の世話でまとまることもある。売春していたのが問題になることはなかった。

唯一問題になるのは性病で、こう売春が横行しては当然だが、中世に外国人が持ち込んだ梅毒が、それまで性病のなかったわが国をすっかり汚染したと思われる。おそらく貿易商人だろう。

もちろんそれは恐れられ、嫌われた。しかし忌避の程度はさして深刻ではなかった。この病気はときに劇症を発して命に関わることもあったけれども、たいていは慢性に推移し、一〇年二〇年を経なければ末期に至らない。風邪をこじらせるとか、食中毒くらいで簡単に人が死ぬ時代だから、梅毒の結論が出る前に命が尽きてしまう場合が多い。男たちは罹患の危険をものともせず、買春を日常的に行ったので、彼らの家庭にもたちまち伝染するのだが、案外平気であった。罹ると特効薬とされた山帰来《さんきらい》という薬を飲み、笠森（瘡守の意）稲荷へ参詣して平癒を祈った。「うぬぼれと瘡気のない者はいない」などといわれたほど、蔓延していたのである。

この性病への鈍感さは明治になって来日した欧米人たちを驚かせた。彼らは売春そのものを神の掟に背く罪悪として排斥し、しかし裏ではもちろん買春行為をしていたのであるが、貞操観念のない日本女性の性行動は理解し難かった。この欧米文化に乗り込まれて、日本人は大きな矛盾に突き当たり、恋愛も婚姻も売買春も、おかしな変形を強いられることになる。それは次の明治編で詳述しよう。

第二、第三章であげた「七十一番職人歌合」に、紺屋や帯屋やさまざまな女性の職業の中に混じって「辻君」「すあい」というものがある。これらは街頭に立って男を呼ぶ売春婦なのだから、それが堂々と職業だと定義されているのには驚かされる。そういえば「平家物語」に出てくる白拍子、厳島神社の内侍というのも、歌舞を演じながら枕席に侍する女たちだが、公然たる職業である。近現代の芸者はそれに近いが、明治以降は日陰の存在であり、白拍子や内侍のように表舞台で威張るものではなくなっている。能に出てくる狂女というのも、漂白の旅芸人で売春をしなかったとはいえないが、これも職業であったろう。

中世以後、売春は業者によって企業化され、大規模になった。時代をさかのぼれば遊女は、歌舞を演ずる女性がフリーセックスであるにすぎない、しかも一部上流人士の専用といった存在であった。大部分の女性は農山漁村にあって、地域の共同体に属し自由な恋愛と婚姻をしており、相手の男性も不自由はなく、買売春の必要もなかったと思われる。おそらくそれが動き出したのは、経済の発展に伴って旅行者が増えたからだろう。街道の宿場宿場に長者と呼ばれる遊女の頭がいて、自身も遊女であり、大勢の女を抱え客を迎えていたことは、平安末期以後の文学によく出てくる。元は貴人を迎えての接待婚だったのが、旅人が増えて職業化したのだろう。

江戸時代には企業化がますます進み、売春業者が大いに活躍するようになった。全国的に街道の宿場や港、鉱山など男の集まるところには必ず遊郭が出現した。地方自治の時代であるから、大名の領国ごとに売春業は公許された。男性の経済活動が盛んになり、行動が広範囲に及ぶにしたがい、その後について売春業者は増えていったのである。

伝統的に日本の男は、地域の共同体の中で女に不自由することなく生きてきた。それがにわかにあちこちに移動しなければならない世の中となり、行く先々で女を必要としたところから、蜜に群がる蟻よろしく業者が金儲けの種としたのである。

女性の側も元来貞操観念が無いに等しいから、江戸時代の大きな社会の変化に出会って、いままでそのなかで働き、保護されていた共同体が崩れてくると、容易に売春に走ってしまう。それを職業とみるような世間なので、心理的な抵抗は弱いのである。

しかし女性には売春以外の職業がなかったわけではない。古来の糸機《いとはた》の道、績み・紡ぎ・織りはまだ女性の手仕事に依存していた。日本にはもともと大麻・苧麻しか繊維が無く、山村では葛や木の皮まで繊維にしていたが、戦国時代に朝鮮、中国から木綿が輸入されはじめ、江戸時代になると国産が盛んになった。績み・紡ぎ・織りともに苧麻に比べて三倍も能率が上がったので、女性を田畑で働かせる時間が増えたという。

人口の八〇パーセントが農業に従事し、武士の給料も石高といって米で支給される農業国である。農家に生まれ農家に嫁ぎ、農村の共同体に属して一生を終わる女性たちは、田畑を作り、木綿や苧麻を植えて布を織り、昔ながらの生活をしていた。三世代家族だけの「家」が、独立した小規模の企業体となり、家業として経営されるようになったのはこの江戸時代である。家族はみな従業員だから、そのなかで働くのが最も正当、かつ多数の女性の職業であったろう。

しかし貨幣経済が進むにつれ、金の入用から都市に流れ込む人間が多くなる。ことに男性が出稼ぎに行くから、売春業者が暗躍し女性が集められることにもなった。

寛政の改革を進めた名宰相松平定信は、その自伝のなかで、農村人口の減少を「おそろしともいうもおろか」と言っている。天明六（一七八六）年の人口調査によれば、前回六年前の調査より、一四〇万人も農村人口が減り、都市に流入していた。食料を生産しないで「ついやす者かく多く（都市に入った人口は生産しないで食料を消費する）」というありさまでは、これからどうなってしまうのか、と天明の大飢饉を経験した定信は危機感を抱いている。金があっても、米そのものがなければ買えないではないか。

それはその通りに違いないが、都市化が進むことによって女性の働く場が増えたこともたしかである。都市では武家も職人も商人も、一応の家業を営む家なら雇い人を必要とした。職業紹介業があって田舎から出てきた者を就職させる。現代のような機械化はなくて、なんでも人間の手足を使わなくてはならないから、雇い人は膨大な需要があった。軽労働は女性、重労働は男性が担当し、主家に住み込んで働いた。膨れあがる都市人口を対象に、零細な商売人、職人もたくさんいて、それと結婚すれば家業に従事することになる。家というものは現在のようにプライベートな家庭ではなく、農業も含めて企業体だから、結婚と職業が分かちがたく混じり合っており、働かない（職業のない）女性というのは武家や公家の上流を除いて存在しなかったのである。

中層の武家や大百姓、富裕な町家などに生まれて、教育を受けた女性にも働く場はあった。まず御殿奉公という職業があり、一生そこで勤めることもできたし、退職するとその経験と資格を活かし、習字・生け花・作法などを教えて自立できた。ふさわしい相手と結婚すれば、大きな家業を切り回すこともあった。

男との生産力の格差

このように当時の女性はよく働き、社会の中に居場所も得ていたのに、前代に比べて価値の低いものとなっていた。指導的地位にあった武家は、思想として儒教を信奉しており、儒教では「女子と小人は養い難し」で、女性を一段低く見る。もともと戦争を業務とする武家では、戦士として役に立たない女性は価値が低い。武家政権下、何かというと女性が貶められたのはたしかである。

奈良・平安の昔には、女性の働きは男性の三分の二と見積られており、女性官人の俸禄も同位の男性の三分の二であった。一方、江戸城大奥の御年寄は、表の老中と同格とされたが、収入は幕末にはわずか五〇石と六〇両だった。ほかに裏収入もいろいろあったらしいし、女には軍役の費用が要《い》らないということはあるが。表の老中は十万石前後の譜代大名である。女が男の三分の二というのは、男女それぞれが生産する米と布の価値が、昔は実際そんな割合であったのだろう。ところが時代を経るに従い、男性側の経済力はどんどん伸びていき、女性側は相変わらずの線に止まって、置いてきぼりをくったのである。

米作を主とする農業は、権力が組織を作り、水路を通すなど大土木工事をすると飛躍的に生産が上がる。すると権力者たちが戦に訴えてその土地を奪い合い、さらに強力な権力が生まれる。この繰り返しが男性の担った経済発展の歴史であり、彼らの活躍の場であった。

その間庶民一般の女性は、ひたすら糸を績み紡ぎ、布を織ることに専念してきた。それをしなければ衣生活が成り立たず、女一生の本務とされ寸暇を惜しみ励んでいたが、じつに辛気くさい、根気のいる作業で生産は伸びない。

こうして男性との生産力の格差が、それまでになく大きくなったのが江戸時代だった。約百年の戦乱の時代を経て生まれた強大な権力のもとに結集して、大土木工事が全国的に行われた。その結果、耕地の総面積が室町中期と江戸中期を比べると、三倍強にも増えたのである。これによる経済の繁栄はじつにめざましいもので、結果、男性が社会的地位を高め、女性が置いてきぼりをくったのはまったく仕方のない事態だった。経済の繁栄には女性もあずかることができたが、それは男性への経済的依存度がこれまでになく高くなったということでもある。

しかし家庭内では女性の地位は低くなかった。奥、つまり家の内を切り回す権限は主婦にあり、夫の稼ぎをどう活かすかは妻の能力であった。農家の主婦権はじつに強大だったし、嫁入り支度や持参金など、いろいろな形で実家からの援助も期待でき、夫婦別姓で結婚や離婚も不利な条件ではなかった。

第五章　産業革命と生活の変革——明治時代

織物工業化の影響

日本の女性は糸を紡ぎ、機を織ることによって経済的な力を保ってきた。男性の作る米と女性の作る織物とは、基本通貨の性格を持ち、給料（家禄）は米で何石何俵といって支給され、織物は税や報奨、贈り物などとして、貨幣と同じように用いられた。中世以前の公家の俸禄は米と織物で支給されている。

女性が結婚しても別姓で、実家から財産を譲られ、夫とは別の財布を持っていた（別産）のは、この経済的実力の反映だった。しかし男性の経済力が伸びるにつれ、女性がそれに依存する部分が多くなると、男が威張りだし貞操の自由も制限されてくる。こんな道筋を述べてきたわけだが、江戸時代まではまだ、落ちたりといえども女性は力を持っていた。

武家では表と奥の区別があり、表は男の管掌、奥は女の管掌で、お互い相手に干渉しなかった。これは古くからの夫婦別産の形が残ったものに相違なく、妻に収入がなくなっても形だけ保った名残だろう。婿入り・通い婚の時代には、衣食住は女性側のまかないだった。現在でも夫の給料を預かって管理し、わがもののように使う妻は多い。こんなことは欧米ではない。江戸時代の武家でも化粧料などといって、妻が実家から持参金を持って来るのがふつうで、それに夫が手を付けることは許されなかった。庶民でも嫁入り支度として、衣類や箪笥などを持っていき、夫がそれに手を付けたら離婚ものだった。

こうした習慣の基盤である女性一般の経済力が、江戸時代にはまだ相当残っていたのである。人口の八〇パーセントを占める農民の間では、衣類の自給が広く行われていて、辺鄙な孤立した村々では山に入って木の皮を剥いだり、野草を刈ったりして繊維を取り、糸を績み織物を織ってきものを作っていた。シナ、ヤマコウゾ、クズ、フジ、イラなどという木や草が用いられた。山へ入って木の皮を剝ぐのは男の役目だったが、それを衣服にするのは女である。上等なきものには古来からの苧麻がまだ使われていた。絹は財産としての晴れ着にしか用いられなかった。それも国産は品質が悪く、江戸中期までは中国産の輸入品が主だった。

都会や町など開けた土地ならもめんが主役で、あたたかくてきれいに染まる、この新しい繊維が普及しつつあった。しかし東北の寒い地方では、晴れ着のことを「もめん」と呼んだくらい、上等な衣料だったという。もめんは苧麻よりよほど手間の掛からない材料で、シノダケ（篠竹）に綿を巻きつけたシノマキ（篠巻き）というものを、男が経営する綿屋が作ってくれる。それを家々の女たちが紡いで糸にし、織る。一反分を紡ぐのに三日ほど、織るのにまた二、三日掛かったというが、苧麻とは比べものにならぬ能率のよさだった。こうして織ったものを売ったり、新しいシノマキと有利に交換したりして利益を得、それで家族の衣類をまかなった。彼女たちは重要な生産労働を担っていたわけで、その上、家と地域社会に守られてしっかりした居場所があった。今では想像もつかないほど厳しい労働ながら、安定した暮らしだったのである。

江戸時代も後期になれば、都会では衣服も商業化され、周辺の農村女性から織物を買い集めたり、賃機《ちんばた》を織らせる小規模な工場（機屋《はたや》）もできて、問屋から呉服屋へと流通するようになっていた。しかしそれはまだ機を織る女性たちを失業させるには至らない。

明治になって起こった大変化は、織物の工業化であった。世界に先駆けて産業革命を成し遂げた英国では、すでに一七六〇年代、綿工業の技術革新が起こっていた。紡績機が発明されたのである。そして一八〇〇年代には、世界市場を一手に収める発展ぶりであった。明治政府は産業の近代化の第一歩として、紡績機を輸入し綿工業を興した。国内の需要のためばかりではなく、輸出して外貨を稼ぐためである。日清・日露の両戦役後、日本の綿業は大きく成長し、さらに第一次世界大戦を経てついに英国綿業を追い越し、世界一の座に着いている。この過程で、古来日本女性の自立を支えてきた紡ぎ・織りの仕事は、たちまち失われてしまった。

着物は男に買ってもらう

日本が軍国主義一色に塗りつぶされつつあった昭和初年、厳しい思想・言論統制が行われて、迎合を余儀なくされた言論人が多かった。その弾圧の嵐のなかで社会主義者としての思想を守るために、山川均、菊栄の一家は神奈川県鎌倉郡村岡村に移住した。自由のない言論活動に見切りをつけ、ウズラの養殖で生計を立てようとしたのである。昭和一一(一九三六)年のことであった。

菊栄は、ほとんど外部の人が入って住み着いたことがないというこの村の生活を取材、記録する。「わが住む村」というルポルタージュであるが、そこにこう書かれている。

「この付近から綿畑が消えたのは、一般には日露戦争のころで、それからは機も織らない家が多くなりましたから、ちょうど明治二〇年代に生まれた、いま五〇代の女たちからは機と縁が切れたようです」

「そのころから日本の紡績業がボツボツ発展してもきましたし、戦勝景気で輸入が増え、支那、インド、アメリカの綿花が大量にはいってきたので、内地で綿など作っている必要もなし、そんなことをしては不経済にもなったのです」
「このごろはなに一つ自分で作り出さず、男の稼いだ金を使うだけが女の仕事になってしまった」
「農家の女が手間ひま欠いて、糸を紡ぎ、機を織っていては割に合わなくなったのでした」

女性の受けもっていた仕事は決定的に経済的価値を失ってしまったのである。男性は女性の仕事を社会に持ち出して工業化、商業化し、大儲けをした。しかし経済力を奪われた女性からは、別段の文句も出てこなかった。なぜなら「男の稼いだ金を使う」という「仕事」があったからで、それは厳しい労働に明け暮れた糸機の時代より、はるかに楽で生活程度が向上したように感じられたからであろう。

大正から昭和の初期に、地方を回って前代の衣生活を収集した民俗学者瀬川清子は、それをまとめた著書『きもの』（一九七二）のなかで、こんな話を紹介している。

「三河の山村を訪ねた時に、年とった区長さんが、私ども数人の者を前にして、『以前は、師走おなごに手もさすな、といって、家のおなごどもは夫に新しい股引《ももひき》・足袋《たび》を穿かせて年礼に歩かせる支度のために（年末には）夜もおちおち眠れぬほど忙しかったものだに、今は男が、家族の着物のことまで心配せんならんことになった』と、思いのほかの世のなかにめぐりあわしたというふうに慨嘆した」

つまり着物は、女が手作りするものから、男が買ってやるものになったのを嘆いたのである。男を嘆かせて、女は楽になった。その結果は経済力を失うという、ありがたくないものだったのだが……。

大正・昭和生まれの女性は、誰でもみな絹の着物を持っていた。都会では普段着も銘仙《めいせん》などの絹物になり、農村でも嫁入り支度には絹物をそろえ、もめんの着物は働き着専用になった。これは絹織物も綿織物同様、紡織機で大量生産されるようになったからである。明治以前、手織りの時代には身分によって絹を着るか、もめんを着るかが定められていたが、それは絹の生産量が少なかったためだ。絹織物の一般化は明治の産業革命の成果なのである。

『きもの　着こなしと知識』（一九六九）という本に、丹後地方のちりめんの産地ルポが載っているが、織機台数三万七四六台、生産額年八五〇億円、全国の七〇パーセントを占める大産地だとある。すでに絹糸も国産ばかりではなく、大量に輸入されつつあり、日本が絹の国といわれたのは昭和一〇年代までだという。当時は嫁入り支度として、誰も彼もちりめんなど絹の着物を持っていったものだが、その背景は大規模な工業化にあったのだ。

「よばい」の零落

「よばい」というのはわが国の、有史以来はもとより、有史以前もそうだったかもしれないまさに伝統的な婚姻形態である。明治から大正のころまで山村や離島などでまだその名残が見られたが、昭和に入ってからはセクシャルハラスメントの一種と化し、女性を侮辱する悪質ないたずらときめつけられるようになった。

今ではよばいに「夜這い」という字が当てられ、本来の婚《よば》い（婚姻手続き）という意味は人々の意識から失われたといってよい。

私の姉は大正一二（一九二三）年生まれだが、静岡県のある町に結核の転地療養中、よばいに遭ったそうで、さも恐ろしげにその体験を語った。昭和一四、五年の夏のことである。彼女は一六か一七歳であった。娘盛りの都会の女性は、田舎ではたいそう目立ったに相違ない。当時は暑ければ窓を開け放しておくので、蚊帳の中に寝ていたところ、ふと気づくと「何十人」もの男どもが窓に群がってのぞいていたという。本当に何十人もかどうか、怪しいがそんなふうに見えたくらい大勢いたのであろう。看護婦さんと手伝いの人が隣の部屋に寝ていたのだが、姉が「きゃーっ」と絶叫したので飛び起きてきた。すると男どもはいっせいに騒ぎ出し、笑い罵《ののし》ったので、女たちは怖くて声も出なかった。何を言っているかも分からなかった。それだけの話である。彼らはたちまち退散してしまった。あとで土地の人に聞いたら「よばい」だと言われたそうだ。

こうなっては痴漢ののぞきと同じこと、それが集団で行われるというのに特徴があるだけだが、伝統的な本来のよばいはけっしてこんなものではない。それは明治政府によって、卑猥な悪習として禁じられ、社会の激変とともに失われてしまったが、民族の知恵の結集といってもよい合理性を持った婚姻方法であった。

婚前交際としての「よばい」

瀬川清子は、大正から昭和のはじめにかけて、日本各地、ことに僻地の婚姻習俗を調査して回った。当時古老の回想には「よばい」の実態がまだいきいきと残っていて、原型を復元することができたのである。そのフィールドワークは『婚姻覚書』『沖縄の婚姻』などにまとめられて、近代以前の庶民生活を示す貴重な資料となっている。

それによれば「よばい」にもさまざまな地域差があり、明治以後の変形もあって、一概に定義できないけれども、大まかに原型を考えると次のような婚姻方法であった。

よばいが行われていたのは農山漁村である。日本の村々には年齢別の組織があった。四、五歳から「子ども組」に入り、一四、五歳を過ぎて「ふんどし祝い」などという元服（成人式）を行うと「若者組」に入る。ここで男女が分かれ、女性は「かねつけ祝い」その他いろいろな呼び方があるが、やはり成人式をして「娘組」に入る。

彼らは毎晩「宿」に集まり、若者宿では縄ないやむしろ作り、娘宿は績み・紡ぎなどの夜なべをしながら、行事の打ち合わせや雑談をする。宿は広い家を持っている村の有力者が提供し、年ごとなどの持ち回りだった。

若者は集団で娘宿を訪問し、その家の夜なべ仕事を手伝いながら歌を歌ったり、雑談に興じて娘たちと交際する。これを夜遊びといって、若者は毎晩するものとされ、「男の子は日が暮れたら家にいるものじゃない」と言われた。夜遊びはよばいに発展し、結婚に至るたいせつな交際の機会だからである。

若い男女が、「さあ恋愛をしろ」と奨励されるわけだから、たちまちカップルができあがる。仲間同士の噂やお節介、取り持ち、いろいろあっていよいよよばいに出で立つことになる。「よばい」の期間に何度かパートナーが変わるのは一向に差し支えなかった。

瀬川の調査によると、よばいで結婚が成立しても、すぐには嫁入りせず、娘が男の家に引き移らない地方がかなりあったそうだ。子どもができても行かない、男の両親が別棟を造って隠居するまで移らないとか、ことに姑が引退して別居しないと行かない、など古風な婿入り婚の名残が見られたという。子どもを何人か連れて、嫁入りしたりするのである。妻が実家に止まっている間、婿は半日ずつ双方の家で働くなど、妻側に使われてなかなかたいへんであった。もっとも妻も婿の家が忙しいときは、手伝いに行くのだが。

よばいには婚姻圏（婚姻可能な土地・または階層の範囲）が定まっていて、圏外の男がよばったりするとたいへんなことになった。よばわれた娘の圏内の若者組が団結して、よそものに暴力を振るう。娘も罰を受けた。これは遠い昔、集団婚が行われていた名残であるらしい。圏内のすべての男女が、お互い連れ合いであり得た原始的な婚姻の形である。本来の意味は分からなくなっているにしても、こんな風習が残っているくらいだから、よばい婚の歴史はずいぶん古いに違いない。

以上述べたのはあらましで、バリエーションは地方の事情により、時代の変化によりたいへん多く、一口には説明しがたい。たとえばよばいが娘側から行われるというところもかなりあり、「半田亀崎女のよばい、男後生楽寝て待ちる」などという歌が地名だけ変えて各地にあるそうだ。若い女性が出稼ぎに行く地方では、こうなるらしい。帰郷したときに女性側が求婚するわけだ。このように変化に富んでいても、基本線は一筋である。よばいの前に若者、娘と男女別の組織が作られ、夜遊びという交際があって、親の承認のもとによばいが行われる。複数の相手とよばうのがふつうで、それが選択期間、そして本人の意志で結婚相手が決まる。このように本来よばいは結婚の手続き、性関係を伴った婚前交際なのであった。たいてい二十歳で若者組を卒業、そのころが婚期だったようだ。

証言「よばいのあったころ」

瀬川清子は女性だけあって、報告がはなはだ具体的で細部にわたっているが、やはり学者の論文だから、現実のよばいのありさまそのままというわけではない。これから紹介するのは周防《すおう》の国、現在の山口県での聞き取りで、昭和六一（一九八六）年に地元のマツノ書店から『よばいのあったころ――証言　周防の性風俗』と題して出版されている。聞き書きをしたのは向谷喜久江さんで、何年生まれかは書いていないが、あとがきによれば昭和一桁の由。アメリカで生まれ広島で育ったという女性。友人の島利栄子さんが楽しい挿絵をたくさんつけている。

一九八〇年代に入ってもまだこんなに体験者がいたのかと驚かされるが、彼ら彼女らが一〇代の若い頃といえば、八〇代の人なら明治末年、七〇代では大正初年である。よばい話の本はいろいろ出ているが、たいてい男性側の「おれは数えてみると〇〇人女を知っている」などという自慢話になることが多く、眉につばをつけて聞かなければならない。しかしこの聞き書きは女性の証言の多いのが特長で、たいへんリアリティがある。

大正九年生まれのある女性の話。

「私の部落では若衆宿（若者宿）は戦後もしばらくありました。六〇軒の部落に三〇畳くらいの若衆宿が建てられていて、三〇人ほどの若者たちが寝泊まりしていました。娘たちはみな、毎晩のようにそこへ遊びに行っていました。そして、カップルができると若者は娘の家によばいにいくようになります。私もそうでしたが、結婚は全部部落の者同士でした」

「よばいはわしらがさいごの経験者じゃろうて」という明治四〇年前後生まれの男性の話。

「初めてよばいに行ったのは、一五、六歳のころじゃった。どこへ行こうかと考えたが、結局同級生のところへ行った（夜遊びで相手が決まらなかったのだ）。ドキドキしながら、やっとの思いで娘の寝所にたどりついて、布団の中に忍びこんだ。そのとたん、『あんた、なにしにきたん』とけんもほろろに言われ、勢いづいていたムスコは縮んでしもうて、しょぼしょぼと帰ったが、そのときは何とも情けなかった。友だちにしゃべることもできん」

その後経験のある娘に手を取って教えてもらい、ようやく初体験をすませた彼は、大いによばいに励む。

「六人も七人もが一つ部屋に寝ていると、娘の横に忍び込もうにも隣に寝とる者との間にすきまのないことがある。そんなときは寝とる者の呼吸に合わせて、足から少しずつはいりこむ。これは難儀なことじゃが、ここまできたらもう後へは引けんでのう。入り込んだらどうするかって？　あっはっはっは。どこのだれやら知らん者に、『はい、どうぞ』という娘はおらん。それで、はじめてのときはただそーっと横に寝かせてもらうか、ちょっとくらいさわらしてもらうぐらいで、ええころにはそっと抜け出して、入ってきたところから出ていく。ひとりの娘に対するよばいは一回だけで終わるもんじゃない。三回目でもまったく脈がないときは諦めるが、すこしでも反応があると一押し二押し三に押しで、執拗なまでに根気よく通うだ」

次に娘側の話。

「よばいほど恐ろしいもんはありませんでした。家族みんなが寝込んだころ、誰かに冷たい手で顔をなでられて目を覚ましました。すると枕元に男がつくなんどる（座っている）んですいね。恐ろしゅうはあっても、よばいが来たと思うと恥ずかしゅうて」

彼女は恥ずかしいという理由で隣に寝ている親を起こさなかった。ただ「いま月のもん（生理）がある」と言ったところ、男は黙って出て行った。

「そりゃあ強盗が入ったくらい恐ろしゅうありました。それにしても男ちゅうもんは、だれかれなしに娘のところへよばいに来るなんて、女をほんまにバカにしちょります。男尊女卑もいいとこですいね」

一九歳で結婚したとき、いちばんうれしかったのはよばいを心配しないで寝られるということだった。しかし彼女は最後にこう言っている。

「よう考えてみると、よばいに来ても、男を受け入れるかどうかは娘の気持ちひとつじゃけえ、哀れなのは男のほうかもしれませんのんた」

他の娘の証言。

「よばいは入ってきたときに声を出すと逃げていきます。いままでよばいで強姦ちゅうのは聞いたことがありません」

これらの証言で分かるのは「だれかれなしによばいに行く」男とは何者かだ。夜遊びで相手を見つけられず、行くあてもないあぶれ男なのである。この連中のよばいはかなり成功率の低いものなのだ。夜遊びにあぶれた男は若者宿の仲間の手前、行くあてがないとはとても言えない。とにかく深夜にふらふらして、どこかに入って見せないと彼の自尊心が保てないのだ。入りさえすれば成功したかしないかは闇の中だから、男同士ではぜったい失敗談は出てこない、格好が悪くて言えたものではないのである。
しかし八〇歳を過ぎて「時効じゃ」と告白する人もある。

「蒸し暑い夏の夜、勇気を出して近くの娘の家に行くことにした。娘が二階に寝ていることは以前から知っとった。そこでワラノウ（ワラを積み重ねたもの）の心棒を伝って、屋根の上から二階へ忍び込んだ。目を凝らすと蚊帳のなかに二つの頭が見えたが、どっちが娘か分からん。とにかくさわってみた。ところがそれは娘の弟の頭じゃった」

弟に大声を出されて、あわてた彼は屋根に飛び出したが、足が滑って下に落ち、しこたま腰を打ってしまう。ようやく逃げ帰ったが、きっとバレたと思い、翌朝あやまりに行った。父親が出てきたので、

「すまんことをしました。夕べ娘さんとこに入ったのはわしでありました」
「誰が来たのか分からなんだが、あんたじゃったんか。それは災難でしたのう」

となぐさめられたという。

瀬川清子氏の直話に、「よばいで子どもができる、ということはあまりないようでした」とあったのをそのときはふしぎに思ったが、この本の証言で納得した。そうそう成功するものではなかったのである。

しかし婚活方法としてのよばいの優れているところは、こうした不成功の後始末にある。忍び込んだものの、事前の交際で合意できていなかった男女は、なかなか性行為という実質的な結びつきには至らないのだが、男の方はなんとかしたくて、一押し、二押し、三押しする。彼ががんばっているうちにも、周りにはぞくぞく成功カップルができあがっていく。拒否している娘の方も、マジメに考えなければという気にならざるを得ない。娘の親も心配しだす。「これでは結婚できない」というわけで、父親が「今夜来んかい」と若い衆を誘ったりする。回り回ってだんだん全員がカップルになっていくというわけだ。落ちこぼれを出さず、敗者復活をゆるすのがよばい婚のよさなのである。

明治民法の成立と影響

明治二二（一八八九）年二月一一日、大日本帝国憲法が発布され、国民はお祭り騒ぎでこれを迎えた。その翌年の四月に民法が公布されたのだが、保守派の知識人から猛烈な反

CLUB
— Tiens voila Monsieur Sodeska !! Que désirez vous Monsieur Sodeska ???............
— Je désire faire partie de votre Club, dozo ô négaïmasse...................

下駄ばきでフロックコートを着ているのが日本，後にいるのが英国
（ビゴー「1897年の日本」1897年）

発を受け、「民法典論争」という大論争が起こった。民法案のもととなったのは、フランス人ボアソナードを中心として作られた明治二一（一八八八）年草案で、相当近代的、ヨーロッパ的なものであった。政府は幕末に結ばれた不平等条約の改正のため、近代的な法律を作って、西欧諸国の仲間に入ろうと懸命の努力をしており、そのためボアソナードを起用したのである。

明治の知識人は政治家、官僚を含めてたいていが武家の出身であった。彼らのうち急速に近代化した進歩的な分子もあったものの、多くは「忠孝」を中心とする儒教道徳が骨身に染みついている連中である。新民法案に驚いてしまい、二一年草案のころから騒ぎが始まっていた。

岩手県令石井省一郎は言う、「新民法では妻が夫を訴え、子が父を訴えることができるというので、私共は驚いて、司法大臣山田顕義にこれを質《ただ》すと、顕義もこれはどうもやむを得まい、欧米風の民法でないと治外法権の撤廃を各国が承知しないからとの答えです」。石井らは「致し方ない、この上は教育の方面でよく始末をつけねば」と考え、躍起の運動を開始し、それが教育勅語の発布につながったという。

政府も困っていろいろ草案をいじり、保守派の意見を入れた上で、明治二三（一八九〇）年民法を出したのだが、憲法学者穂積八束《ほづみやつか》は「民法出でて忠孝亡ぶ」と攻撃してやまなかった。結局五〇人にもおよぶ識者を集めて検討委員会を作り、なんとか妥協案ができて明治三一（一八九八）年に改正民法が発布されたのである。このような経緯で、たいへん矛盾をはらんだ民法だったが、なかでも広く農村で行われていたよばい婚への影響は重大だった。

前章で述べたように、武家は「君父の命」で結婚し、当人の好き嫌いはまったく問題外である。顔を見ずに結婚するのがふつうで、見合いさえ卑しいこととしてしなかった。町人・百姓も上層はこれにならい、親の決めた人との結婚であったが見合いはした。それ以下は町人なら主人の命というのもあれば、好いた同士の自由婚もある。農民ではよばい婚だった。このように階層ごとに異なっていた婚姻の方法を、明治民法は武家法に統一したのである。保守派の論客穂積八束は、「百姓の慣習は慣習とすべからず、（民法は）士族と華族に則らねばならぬ」と主張した。欧米の市民法にならおうとする革新派は押されに押され、保守派の修正を受け入れざるを得なかったが、とにかく本質的には私有財産に立脚する、権利義務関係による近代法を作ることができた。なにしろこうしなければ欧米列強に近代国家として、認めてもらうことができなかったからだ。

家父長制の強化

この明治民法では、婚姻は家長の許可を要した。自由結婚は認められなかった。ただし男子三〇歳、女子二五歳になれば家長の許可を要さず結婚できた。しかしこれは当時としては婚期を過ぎた年齢である。

保守派の主張の要点は、夫婦より親子の関係を重視することで（孝行の道徳）、子は親の意見に反対を唱えることはできない、家長の意見には家族はすべて従わなければならない、というものだった。民法における家長の婚姻許可は、この線で解釈され教育に持ち込まれ、「親の決めた人と結婚する」のが当然とされるようになった。上層はもともとそうだから問題もなかったが、それがしだいに庶民の間に広がっていって、親の反対する結婚はしてはならないことになっていく。よばい婚は当人同士の自由結婚で、識者からは悪習として排斥された。農村の若者たちには教員や警官、宗教家によるよばい廃止の教育が盛んに行われたという。

しかしそれから四〇年くらいも、よばいは変形しつつも命脈を保った。結婚の慣習など一片の法律で急には変わらない。が、表沙汰になれば卑しいみだらな慣習だと差別されるので、やっているほうも次第に後ろめたくなる。そこへ社会の近代化、工業化のため農村から都会に出て行く若者が増え、男女均衡していた一村の人口が大きく崩れるということがあり、よばい婚は現実に実行が困難になった。青年団と改名させられた若者組の不良分子が、娘の寝ているところを覗くのが「よばい」だとまで、ついには堕落したのがその最後の姿であった。

江戸時代には売春が道徳的に悪いという考え方はなかった。武家は遊郭や劇場などいわゆる悪所に出入りすることを、表向き非行とされていたが、実際は盛んに出入りしていた。何かそこで問題を起こさなければよかったので、金に詰まって遊女と心中をするとか、娘を遊女に売るとかすれば処罰された。家を取りつぶされたりしたのである。

幕末の文人で佐倉藩堀田家の留守居役であった依田学海《よだがっかい》は、その回顧談で留守居役は交際のため「遊郭へも時々は行った。吉原・品川などへ駕籠で乗りつけ」と語っている。留守居という役どころは今でいえば外交官なので、仲間内で盛んに交際し、情報収集をした。

高級料亭で芸者を揚げて豪遊するのは常のことだったが、そこで出る話題はたいてい芝居や相撲だというから、高級官僚の悪所通いは公認なのである。もちろん彼らの交際費はすべて公費であった。

いわんや町人ともなれば別段の拘束もなく、遊郭は金さえあれば大手を振って行ける社交場であった。売春をする女性も、一〇年の年期があければ結婚するつもりで、「傾城が客を見立てる二七」という川柳のとおり、堅気に戻ってなんの差し支えもなかった。

ところが幕末・明治の開国によって、大挙して入ってきた欧米人には、このありさまはとうてい理解し難かった。彼らの信ずるキリスト教は、売春を神に背く罪悪とみなし、また処女性を尊重して、いったんそれを失った女性は結婚できないほどであった。旧教（カトリック）では離婚が禁じられ、新教（プロテスタント）では認められていたが日本のように簡単なものではなく、許可されるまでに長期間の別居を要し、裁判も必要だった。日本は届出だけで成立する「協議離婚」で、夫婦の合意があればできるし、親たちの合意で別れさせられることさえあった。

中世の宣教師は布教のため、現地の文化の理解に努めたが、一九世紀後半、近代化した西欧列強から乗り込んできた連中にとっては、自分たちの文化が絶対の正義だった。日本の立場はとにかく彼らの仲間入りをして、国家の独立を守るにあり、目前不平等条約を改正しなければならない。彼らの正義を自分たちの正義とするのが急務であった。こうして売春の盛行と性病の蔓延は、国家の恥部として日本の知識層にも意識されるようになった。

盛んだった廃娼運動

直接の契機としては、キリスト教新教の働きかけがある。日本キリスト教婦人矯風会は、アメリカに始まった国際キリスト教婦人矯風会の日本支部として、明治一九（一八八六）年に設立された。その運動の目的は禁酒・禁煙が出発点であったが、日本では一夫一婦制・公娼廃止が日本婦人の最も必要とする人権闘争として取り上げられた。とくに力を注いだのは人身売買の禁止で、娼婦の自由廃業を支援、更正施設も設けて彼女たちを正道に導こうとした。

この運動は知識層の女性に広く支持されて、募金や福祉事業なども活発に行われたが、明治四四（一九一一）年吉原が大火を出して全焼したのを機に、その全廃運動を起こしたのである。明治も末のそのときには、男性の識者にも公娼廃止論者が少なからずおり、男女結集して「廓清会」という廃娼運動団体が生まれた。その機関誌「廓清」は同年七月七日第一号を発行したが、早稲田大学の創立者大隈重信伯爵が巻頭論文を寄せ、続いて麻布中学校（現中・高校）校長江原素六も公娼廃止論を展開している。

これらの記事を読むといろいろ興味深いことが出てくるが、まず明治四〇年代ともなれば西欧的価値観、道徳観が知識人の間に定着して、売春を不潔な醜業として忌避する風潮が非常に強くなっていることが分かる。

江戸時代に売春が盛んになったのは、業者が増えて商業として大規模になったことによるとともに、女性の経済力が伸びず、強大になった男性の経済力に依存する度合いが増したためだ。売春は女性が自分自身を男性に売り渡す究極の依存である。江戸時代以前にはそれは売春といっても、芸能人のフリーセックスであったり、全女性から見ればごく少数の者の「職業」にすぎなかったが、江戸時代には本業、副業やたら盛んになってしまった。戦国時代の約一〇〇年余りの間に、女性は戦斗（闘）に向かないため、価値が下がったということも大きな原因であったろう。もともとは女性の経済的自立の表現であった自由な性の習俗が、地位の下落とともに裏目に出て、売春の盛行を招いたのである。

「廓清」第一巻に大隈重信は、廃娼の正義であることを説き、やろうと思えばできることだとして「ここに一例をお話しする」と、彼が維新以前に属していた肥前藩の改革をあげている。「今より七三年前に娼妓を全廃した。芸妓はむろん、劇場をたたき壊し、役者を放逐し、相撲もならぬ、落語家、講談師すべて芸人と名の付く者は一切国外に放逐してしまった。江戸大阪から芸人がやってきても、国境に関門を設けてそういうものは入れない。ひそかに入って来た者があれば捕まえて牢に入れてしまった」「その結果は人心大いに改まって風俗は善良となり、また貧乏人がなくなった」云々。

これが演劇研究のメッカ早稲田大学の創立者の言うことだろうか。その後どういう変化があったのかと思ってしまうが、彼は大正一一（一九二二）年、八五歳で没しているから、このとき七〇歳を超えている。旧幕時代に青春を送ったわけで、お堅い田舎武士の気風の持ち主であったのだ。もと豊前藩士福沢諭吉もその自伝で、芝居にも行ったことのない堅実な家風を自慢している。明治とはこういう田舎武士たちに指導された時代なのである。

芝居と売春が同列にされているのに現代人は驚くだろうが、江戸時代には同じく「悪所」であり、逆に売春への忌避感が弱かったといえよう。芝居と同じくらいにしか悪いものではなかったのだ。

また早稲田大学講師阿部磯雄は「公娼制度と社会の風儀」と題する論文のなかで、「金銭を以て女の節操を破ることができると言うことは、脅迫手段を以て、腕力に訴えて、女の操を破るということとたいした違いはない。それ故に今の青年の男女が互いに親しくなりて、たがいに愛し合うて、所謂不義の契りを結んだとすれば社会は鼓を鳴らしてこれを責めるけれども、金銭を以て圧制的に女の操を破ると言うに比ぶれば遙かに恕すべき点があるではないかと思う」と言っているので、これは恋愛に理解を示しているのかと思ったが、続きを読むとそうではなかった。

「これを泥棒で言えば一方は強盗であって腕力を以て人の財布を奪う。一方は窃盗でこっそりと物を盗むと言うようなわけのものではあるまいか。もし今日の刑法に於いて、強盗が窃盗より罪が軽いというなら仕方がない、しかし強盗が窃盗より罪が重いという法律の明文によりこれを言えば……国家が金銭を以て女を買う所謂強盗を許してそれより罪の軽い窃盗を攻むるのは前後緩急を誤っておる」

約百年前の日本の知識人はこんな考え方でいたのである。阿部氏がとくに変わった道徳観の持ち主ではあるまい。徳川二六〇年の支配で武家に根付いた自由結婚の排除は、恋愛を窃盗とするような通念を育てたのである。

売買春は国家の恥

「廓清」第二号には「欧米人の観たる日本の公娼」として、翻訳者は明らかではないが、幕末の安永四（一七七五）年に来朝したスイス人の植物学者ツンベルクと、安政五（一七七六）年英国総領事として来任したオールコックの観察を紹介している。

ツンベルクは、

「この淫逸の公館の公然その業を営み、政府またこれに保護を与うるの奇異なる現象あるにもかかわらず、日本の明敏にして名誉心ある人士がかかる不都合、不道徳を咎むるの色なきはじつに奇なり。ヨーロッパ人もまたこの国に来たれば、土地の習いに同化し、全くの日本風となりて節欲を美徳とするの風なきのみか、自らも足を遊廓に運ぶ……予のもっともあやしむところは、これらの娼婦が多年の売笑生活ののち、再び社会の人となり、往々にしてまた結婚するも、人これを見てすこしも不名誉とせず、全然あやしむの状なき一事にあり」

と言っているが、江戸時代の売買春の実態をよく見ている。欧米の男たちはこのフェアリー・ランドに来て、大いに喜んだ者が多かったのである。

オールコックは言う。

「日本にては娼妓は弱年のときよりこの職業のために養育せられたるものにして（禿《かむろ》や舞妓《まいこ》のこと）、輿論は彼らに自由意志あるを認識せざれば、従って別にこれを恥辱ともなさず、客はまた往々にして反って彼らの中よりその妻を選定す。日本人にありては罪悪と徳との間に、さらに越ゆべからざる区別の置かれざるは如何なる次第なるや。かくてもなお女性の純美男性の徳義、または家庭の関係に何らの影響を及ぼすことなきや。

日本人の道徳及び国民生活の基礎に関する思想は全く吾人と異なる。その身売り（売春）の汚辱よりして一朝にして純潔なる結婚生活にかへるが如きは、吾人をして日本には徳と不徳との間になんらの区画なきかを思はしむ」

「この国にして売笑の公然たる律令ある以上は、その家族関係の純潔なるを推断すること難きものなり。すでに純潔の家庭生活にしてこれなしとせんか、進歩と文化の基礎なる国民の品格は欠如せるものなり」

女性が純潔を失えば結婚できないという彼らの「品格」は、英国の作家ハーディの名作『テス』に見るように、多くの女性を不幸に陥れたことは否定できない。果たして欧米男性の徳義は如何？　彼らは買春はしないのか？　あまり信用はできないと思うが、とにかく外国人は娼妓と平気で結婚する日本の紳士に驚いたのである。彼ら欧米人の価値観は、維新後四〇年の間に日本の知識人の間に定着して、田舎武士の堅実さとも結びつき、売春を醜行、恥辱とするようになっていった。

四民平等の悪弊

知識人は大いに変わった。勝海舟が深川の芸者と結婚し（旧幕時代だから旗本の養女にし

鹿鳴館の舞踏会には女性が足りず芸者にダンスを習わせて動員した（ビゴー「トバエ」6号，1887年）

て許可を取った）、坪内逍遙が根津遊廓の人を妻に迎え、海軍大将で首相も務めた山本権兵衛の夫人が、品川遊廓の出身だったという旧時代は去った。遊女は完全に没落したのである。それは日本女性一般が、厳しく貞操を問われ、恋愛を禁じられる時代の到来を告げていた。処女でないと一応の社会的地位にある男は結婚しないという考えが主流であった。一度純潔を失った女性は、キズモノといわれまともな結婚はできなくなった。しかし一方で、より不自由になった男性にとって、売春はより必要なものとなっていく。

明治になって売春エリアは江戸時代よりも増え、大規模化したが、日本キリスト教婦人矯風会が目の敵にした娼妓・芸妓の人身売買的雇用契約（年季奉公）も、以前にも増して過酷なものになった。「廓清」第一巻冒頭の大隈重信に続く東京麻布中学校長江原素六の論文には、「又遊廓にて婦人を奴隷とする程度も今日のほうが旧幕時代よりも余程残酷である」と書かれている。

「旧幕時代は娼妓は二四歳になると放免しておった。それゆえに金を貸すにもそれだけ控えめにしたものであるが、今は幾年でもできるだけ長く娼妓を勤めさする様に、なるたけ貸し金の高を増してこれが引き留め策を講ずる事となって居る。旧幕時代には芸妓は二七歳になれば、金で買い入れた者でもこれを解放して居った。しかるに今日では養女の名のもとに少女のときから買い入れ……成人の後醜業を営ましむる目的を以て、一戸に三〇人も養女をなす者さえあるのである」

旧幕時代には娼妓・芸妓の年季は一〇年と定まっており、少女のころから一〇年勤めれば解放された。ふつう二七、八歳が定年だったようだ。明治になると自由という名の下に期間の際限がなくなり、借金を返さないうちは足が抜けなくなってしまった。

業者が幼女をもらいうけ養女として親権で縛り、売春をさせるという悪知恵も、明治になってからの発明であるという。政府も一般の男女も売春業が公許されていることを怪しまず、地方の女学校の修学旅行に、吉原見物をさせる例さえある、と名門麻布の校長は怒っている。

往古倭国の女王卑弥呼が、中国に生口（奴隷）を献じているし、日本は中世に至るまで奴隷の存在する国だった。しかし西欧の奴隷制とは異なり、その売買は所有権の完全な移転ではなく半分雇用契約のようなもので、年限を限っていたり、金を返せば解放されたりした。「譜代」と称し、親子代々同じ家に所有されている奴隷は、家の子とも呼ばれ、家族的に扱われた。年季奉公という雇用契約も、奴隷制とごく近いものだった。

この日本式奴隷制と、明治の近代的自由契約制度とが混合して悪用され、江原素六が怒ったような悪辣《あくらつ》な売春業者がはびこり、しかも公許されていたのである。

キリスト教婦人矯風会の懸命な努力にもかかわらず、借金で縛られた娼婦の更正は困難を極め、ますます没落して社会の最底辺に落ちていった。一方で近代化政策が農村の安定を破壊し、貧困階層を生み出したことが「娘の身売り」の悲劇を生み、大幅に娼婦を増やす原因にもなったのである。

「家」の変質

キリスト教を奉ずる西欧諸国では、古くから厳格な一夫一婦制であった。離婚も非常に難しかった。欧米人は「日本人はすこぶる多淫の人種なり」とか、「婦人に対する観念の野卑なり」（いずれも「廓清」から）というふうに見ていて、不平等条約を改正し、西欧化をめざす政府としては、妾や売春を公認する伝統的な男女関係を改める必要に迫られた。明治二二（一八八九）年、憲法制定を翌年に控えた年、キリスト教婦人矯風会は元老院に建白書を提出、八〇〇人の署名連印を添えて一夫一婦制の法律制定を訴えた。明治三（一八七〇）年の刑法では妾は親族であった。さすがに明治一三（一八八〇）年には親族身分が廃止されており、矯風会が代表した「西欧近世諸国の通則」は無視できず、新民法では一応重婚の否定という形で一夫一婦制を法定したのである。しかし妻の姦通は罰するが、夫の姦通は罰せられない。妻の生んだ嫡出の女子より、夫の認知した庶子（妾など婚外の子）の男子のほうが家督相続順位は優先するという、事実上妾を認めるものだった。

江戸時代には、武家階層なら公権力が私生活を監督したり罰したりしたが、明治の自由でそれがなくなり、妾を囲うのも遠慮なくやれる。武士は非常呼集に応ずるため、夜の外

第１回総選挙風景 国税15円以上の男子にのみ選挙権があった
（ビゴー「国会議員之本」1890年）

出、外泊が公然とはできず、外に妾を囲うわけにはいかなかったが、それも自由になった。士族が遊女と結婚するのも自由になるし、明治は男にとって都合のよい時代になったのである。離婚の手続きも簡単で、重婚禁止だけの一夫一婦制では、妻の立場は旧幕時代より悪くなったといってよい。「四民平等」といえば聞こえはいいが、身分制度の廃止によって妾も妻と平等、妻の座を取るか取られるかの競争者になってしまった。

明治の家制度というのもじつは江戸時代とは大きく変質していた。江戸時代の家は家業という企業体であり、武家の俸禄も家に付いたものだった。家禄という。何俵・何石・何十石の軽輩も、領地に封じられている大名・旗本も、当主個人の収入ではなく、家の収入であった。だから無能な殿様を、家来たちが画策して取り替えるなどという事件も起きた。町人の家なら、道楽息子を勘当して有能な雇い人を娘婿にしたりする。家は今の会社と同じようなものであった。

しかし明治憲法は、外圧によって西欧の法を取り入れるほかなく、私有財産制を基礎に据えねばならなかった。保守派が「民法出でて忠孝亡ぶ」と個人主義に大反対したので、開明派も妥協し民法で「家制度」をうたい、戸主に家族が従属するよう定めたけれども、戸主の収入は戸主個人のものであり、家のものではなくなってしまったのである。

じつのところ「家」がなくなったのは明治維新直後のことで、武士の家禄が廃止されたときからであり、憲法はこれを追認したにすぎない。保守派はすでに消え失せた家制度の復活を願ったのだろうが、そんなことは不可能だった。

当時東京大学で家族法を講じていた奥田義人は、「民法では家というものがなんであるか少しも分からぬ様であって、しかも家は戸主の所有物であるが如き規定になって居って、家族は家の家族ではなくて、戸主の家族である様で、財産の主体は総べて個人であって、毫末も家産なるものが認めてないから、家の維持と言うが如きことは口にこそ言え、法律上では何の事やら一向分からぬ」と言った（磯野誠一／磯野富士子『家族制度』）。

お家の大事ということで、忠臣蔵事件が起こったように、明治以前、家は家族全員（家来まで含めて）のものだったが、明治民法では反対に、家が戸主の私有物になったのである。この大変質はあまり喧伝されておらず、今でも問題にする人がほとんどいないようだが、明治の男が自信過剰だったのは、妻も子どもも家長個人の収入で養う、彼の所有物になったように思ったからであろう。

明治以前、庶民は「家」など意識しなかった。家産もないようなその日暮らしでは、家族協力して働くだけで、何々家などと誇りようもない。名字を名乗ることも許されていなかった。江戸から明治、国民の八〇パーセントが農民であったが、農業もたしかに家業であった。三世代が同居して扶け合わないとやっていけない小さな家業。それはまた村の扶け合いのなかで、ようやく安定するごく小さな生活であった。しかしそういう小さな家の戸主をも、明治民法は他の家族すべてが従わなければならない、どこに住むか、誰と結婚するかについても決定権を持つ、独裁的な権力者にしたのである。まさに四民平等だったが、自由と競争も平等に襲いかかり、扶け合いの組織であった村の共同体は法的に認められず、次第に解体して小さな家長は孤立無援、稼ぐ能力ばかりを厳しく問われるようになる。彼らが所有物となった妻子におうへいな態度で鬱憤晴らしをするようになったのは無理もなかった。

明治大帝の私生活

ところで皇室という雲の上の家には、明治の変革は及んだのだろうか。

従来天皇は多妻制度のなかにあったが、誰でも彼でも好きなら手を付けていい、というような自由はなく、正妻も側室も定まった身分の内から選ばれることになっていた。身分による婚姻圏が決まっていたのである。天皇の正妻になれるのは皇族か摂家（摂政、関白に上れる家柄）の娘だけで、側室もそれに次ぐ公家の家柄の娘に限られた。

明治天皇も側室から生まれているが、側室がなければ男系血族で、万世一系を維持することなどできない。ところが問題なのは西欧の王室が一夫一婦制であることだった。もちろんそれは建前で、王が愛人を持つのはよくあることだったが、庶子は王位継承権がなかった。西欧では各国の王室はみな親戚関係で、跡継ぎがなければどこの国からでも連れてくることができる。英語を話せない英国王がいたりする。某家から某家へと、王朝が交代するのを何とも思わない。女王もあるし、その配偶者も親戚内で選ぶことができた。

日本の皇室は男系の血統で続いてきたというのが自慢なので、とても一夫一婦とはいかないのである。孤立した島国で、外国との婚姻もない。たった一例だが朝鮮系帰化人の側室はあった。その所生の子は天皇（桓武天皇）になっている。

西欧人は日本の多妻制を野蛮なことだと考える。西欧並みの文明国になりたい日本政府は、明治天皇にすぐさま側室を薦めることはなかった。天皇の結婚は明治元（一八六八）年、満一七歳のときで、相手は二歳年上の一条美子《はるこ》（摂家の出身）である。前年美子が参内して、天皇に拝謁し、見合いのようなことをしたのだが、そのとき天皇は将棋盤を持ち出して勝負を挑み、彼女も応じてなかなか負けなかったという。美子の美貌と才気は若い天皇を惹きつけた。

一七歳の明治天皇が、二歳年上の美人に惹かれたのは自然なことで、二人は恋愛情趣のなかで新婚時代を過ごしたと思われる。ともに和歌に長じ、小型犬や猫が好きで趣味も合っていた。ところが困ったことに、二年経っても三年経っても、皇后は妊娠しなかったのである。

周囲は大いに困惑した。もはや外国の思惑などかまってはいられない。側室を薦めなければ、という話が持ち上がったが、天皇の生母で自らも孝明天皇の側室だった中山慶子は、「天皇様だといって、ご自分のご勝手ばかり遊ばしてはいけません。こういうことは本人も得心の上、これとお定めになった人以外に召されることは断じてございませんように」と忠告したという。美子皇后付き女官だった山川三千子が、回想録『女官』で証言するところである。

選ばれた側室は権典侍という女官に任命された。彼女らはまったく陰の人として位置づけられ、公の場には出ないし、皇后のお供も非公式のお遊びのとき以外にはできなかった。もちろん身分の相応した由緒ある公家の娘である。こうして薦められた権典侍にしか、天皇は手を付けることはできないルールだった。いや、天皇の意志は絶対であるから、何でもできるには違いないのだが、彼はそのルールを守った。権典侍は複数おり、当番制で一人ずつ御寝台に侍したが、誰が当番かは女官長典侍の高倉寿子が決めたという。

最初の側室は四辻清子、葉室光子、橋本夏子の三人である。このうち光子と夏子とが相次いで妊娠し、明治六（一八七三）年九月、光子が第一皇子をあげたがその日の内に薨《こう》じ、母の光子も四日後に亡くなった。二〇歳であった。さらに一一月一三日、明治天皇紀によれば「夏子四月に懐胎せしが、この日卒然劇烈なる子癇《しかん》症を発し、容態険悪なり」とある。子癇症は妊娠中毒の重症なもので、けいれん発作を起こし、胎児、母体の命にかかわる恐ろしい病気である。大臣らが馳せ集まって協議の結果、奏上したうえ人工娩出をしたが生まれた皇女は「即時薨去」、母夏子も翌日亡くなってしまった。一七歳であった。

これは二〇歳の天皇にとって非常な衝撃であったろう。子どもを産むことの危険を身に迫って感じたに相違ない。この後側室はいつもいたのだが、皇后とは性交渉がなかったらしいのである。山川三千子の『女官』によると、天皇の寝室にはいつでも複数の側室が侍っていて（性交渉持つのは当時二人だけだったという）、皇后とは同室に寝ていない。そして天皇は後年、「皇后宮さんが弱いから、わしより早く死なれてはたいへんだ。一日でもよいから後に残ってもらわなければね。先に死なれては皆がわしを一人にして置いてはくれまいし、今時気に入るような女はないよ」と言っていたという。小柄でか細く、弱々しい美子皇后に、お産をさせるのを彼は恐れ、合意の上のセックスレスだったのではないだろうか。大正天皇を生んだ柳原愛子も、難産で健康を害したので、権典侍を辞退し典侍になっている。当時のお産はまったく命がけであった。

妾の公認

結局五人の側室から、一五人もの皇子皇女が生まれたにもかかわらず、育ったのは皇子一人（大正天皇）、皇女四人だけであった。山川三千子の見たところでは、天皇夫妻はたいそう仲がよく、天皇は側室たちには用事以外口も利かなかったと。側室たちこそいい面の皮であるが、これも山川の証言では、まったくお役目として割り切っていたらしい。

もともと公家や大名、高禄の武家では側室がいるのが当たり前であり、美子皇后も、大正天皇の皇后九条貞子（貞明皇后）も生母は側室である。しかし明治以前には、内実はともあれ側室は主人の愛情の対象ではなく、正妻の召使いで子どもを儲けるためだけの存在だった。生んだ子どもからも母とは呼ばれず、召使いとして遇された。江戸中期以後、武家では正妻が死んでも離婚しても、妾を正妻に直すことは禁じられた。こういう身分制の秩序があればこそ、多妻に抵抗を覚えない女性も多かったのである。明治となれば四民平等、妾が主人の愛情を独占して、正妻を離婚に追い込むことも可能になった。また妾が公然と愛情の対象として迎えられた。正妻は父である家長が決めるものだから、愛とも恋とも無縁である。妾は自由恋愛で選べる、という都合のいい認識が男たちの間で広まったのだ。明治民法が間接ながら一夫一婦制を打ち出して数年、明治三二（一八九九）年の「萬《よろず》朝報《ちょうほう》」という新聞に、主宰者黒岩涙香《くろいわるいこう》が「蓄妾の実例」という記事を連載して、五一〇人に及ぶ妾持ちの上流人士を実名で載せ、大いに売った。涙香は「私はもとから一夫一婦制を正しき人間の道と信じている」と宣言して、「弊風」を攻撃したのだが、男性にこういう考え方の者は少なかったにせよ、正義の建前は一夫一婦であるから、槍玉に挙がった連中は閉口しただろう。女性のほうは妾に苦しめられていて、断然一夫一婦制を支持するようになっており、この記事はまず女性に歓迎されたに違いない。何しろ女性は経済力を失い、明治民法で「無能力者」（無権利者）とみなす法律ができてしまったので、養ってくれる夫を妾に取られ、追い出されることは恐怖であった。離婚が恥とされ、キズモノといわれるようになったのも明治以後で、妻の座は死守しなければならなかった。

しかしこうした一夫一婦制の主張は、皇室を攻撃するものだという警告が現れた。皇室の側室制度は誰でも知っていたからである。「天皇だってやっている」というのが男性側の言い訳となり、「皇后様だって我慢していらっしゃる」というのが女性側のあきらめとなっていた。皇室では旧態を守った身分制が生きていて、正妻と妾との地位はしっかり峻別されていたのだが、それのなくなった民間で都合のいい解釈がなされたわけだ。皇室も含めて妾の公認は、建前として家の存続という理由があった。皇室では血縁で男系の相続という皇室典範の規定により、たしかにその理由があるが、民間の家はすでに家長の私物になっていて性格が異なる（皇室は天皇の私物ではない）。また江戸時代から、民間では養子もとれるし、皇室では絶対できない女系相続も多く（娘に婿を取る）、家制度を理由に妾の存在が合理化されるのはおかしい。しかし妾容認派は家を隠れ蓑にしたのである。

とにかく西欧諸国と対等に付き合うためには、妾問題は隠しておかなければならなかった。天皇の側室の存在も、諸外国には公表されていない。天皇家が一夫一婦制を守るというのは、非常に無理のあることなのだが。

嫡出の男子のみが皇位を継承すると定めた戦後の新皇室典範には、継承者がいないときどうするかの配慮が足りなすぎると言うべきで、将来大問題になるかもしれない。

保守派が旧制度を守ろうと猛烈に運動し、開明派も内心では西欧流になりきれていなかったため、それに妥協して明治民法が作られた。結果は一夫一婦制の建前と、側室や妾のいる家庭の暗部とが、共存することになったのである。

民法出でて自由離婚亡ぶ

明治の改革はあらゆる仕事を爆発的に増やした。活躍のチャンスをつかみ取りにして、大いに自信をつけた男が増える一方で、多くの女は失業してしまった。「男の金を使うだけが仕事」の女に、男が「こうしろ、ああしろ」といろいろ注文を付けたくなったのもとうぜんかもしれない。稼がなければならない男に比べて、楽をしていると見えたのだろう。

身分制下では支配権も限定的で、身分の序列の範囲内でしか行使できなかった。それが四民平等、自由の名の下に無制限に解放され、優勝劣敗の国際社会に伍して、男社会の風潮はとにかく勝ちたいということだった。名誉と地位を得たい、金儲けもしたい、日本という国を勝たせなければならぬ、西欧列強に遜色のない国にしたい、そのためには植民地獲得の戦争も辞さず、なんでもかんでも勝たなければ納まらなかった。

そこで彼らは男にすべて従順な女性を理想として、外れた女性は容赦なく攻撃した。西村茂樹は明治二〇（一八八七）年、皇后の命を受けて「婦女鑑」という女子教育の要綱を編纂し、翌年華族女学校の校長に任じられた人物である。もともと文部省の官吏で、政府の国民教育の方針を代弁する立場の人だった。彼は女子教育は知育より徳育（道徳教育）を中心とすべしと主張し、婦人の道徳が低下する原因として六項目を挙げた。①男女同権論、②東洋旧来の教育（儒教の女性観）を悪なりとする説、③男女の自由な交際、④自由結婚、⑤娯楽遊戯、⑥挙動の活発をすすめること

つまり男性優位の儒教的女子教育を進め、男女の自由交際と自由結婚を禁じ、娯楽遊戯は好ましくなく、立ち居振る舞いはしとやかに、活発なのはよくない、というわけだ。当時はこれが男性に「期待される女性像」だったのである。

開明派は、知育をすすめて女性の覚醒を促したが、彼らも一般の男たちとさして変わる考えではなく、女性が男性の領域に入ることをきらった。

「女学雑誌」を主宰した巌本善治《いわもとよしはる》は、フェリス女学校の前身ミス・キダーの学校に学び、英語をよくした若松賤子《わかまつしずこ》と結婚して、男女平等を標榜していた人で、当時の女権論者であった。その彼にして「女子にしてことごとく男子の行うところを行わんと欲し、またそのよくこれを行い得べきを誇るの輩を見ては、最も甚だしくこれを嫌悪するものなり」と

言っている。明治初期には勇ましい女学生がいて、政治活動に飛び込んで演説したのを非難し、あくまで男と女は領分が違うという考えなのだ。

教育を受けた女性に許されるのは、教師になること、文筆業で立つことだけだというのが彼の「女権論」にすぎない。たしかに往古からわが国には、奥と表という男女の住み分けがあったが、奥の支配者は女であり、男は手が出せなかった。明治になると奥も表もなくなって、家はすべて家長の私物と化してしまい、男は女に服従を期待したのである。

ところが鳩山春子、山田わか、嘉悦孝子、三谷民子などの婦人教育家は大いに賛同していた。東京女子医大の創立者である吉岡弥生までもが「妻は三従（女は親、夫、子に従うべしという儒教道徳）主義でなくてはならぬ」「婦人は最も犠牲の精神があって欲しい」と言っている。彼女は若かった明治二〇年代のころ、親の反対を押し切って上京し、男女共学の医学校に学んだ。男子学生が女子学生を「バクテリア」呼ばわりしたことに抗議して、二十余人の「女医学生懇談会」を結成、幹事になっている。その吉岡弥生がである。民法出でて亡んだのは忠孝というより、女の自由と気概であったと思う。

「新しい女は動物に近い。離婚を尊ぶようだ。婦人は結婚しなければ肩身が狭くなり自然に背いて若死にする。新しい女はそれを尊んでいるから、そんな思想の女は死んだ方がよい」

これは早稲田大学の創始者大隈重信が、雑誌「青鞜」に拠った新しい女を評した言葉で、大正二（一九一三）年東京日日新聞に載ったものである（清水孝『裁かれる大正の女たち』一九九四）。

よく言ったもので彼の十分に知るところの、江戸時代から明治初年、日本は欧米諸国中に類を見ない離婚大国だった。大隈は武士気質の人だが、武家にも離婚はめずらしくなかったのだ。

ことに地方の庶民にあっては「淡路の国津名郡潮浦辺にては」「仮に夫婦となり、もし男子の気に入らざれば直ちに出し、数人を替るに至る。女子もまた男子が己の気に入らざれば、直ちに去りて他家へ婚するの類たくさんあり」というふうであった。「例えば女と女が久しぶりにて会合し、互いにその後の消息を問答したる末に、ヤアヤアまだあの人と連れて居るべしかと言うは通例の挨拶なり」。これは北海道の例（湯沢雍彦『世界の離婚』一九七九）。

わが国の離婚件数が集計され、離婚率が分かるようになったのは明治一五（一八八二）年からだが、三〇年までは当時の近代国家中例がないほど高く、欧米の学者に注視されたという。やはり民法が三一（一八九九）年に成立してから下がっているので、自由離婚も「民法出でて亡んだ」のである。

明治は旧武士が政権を取った時代であり、人口の一〇パーセントしかいなかった武士ら上層階級の道徳と、輸入された西欧の強力な家父長制とが混じり合って、庶民階層に法的にも押しつけられた時代ではなかったろうか。

後記として――過去を振り返り、未来を展望すれば

伝統は多夫多妻であった

わが国の伝統的な婚姻の形は、「よばい」から始まる。それは男が夜な夜な好きな女の元へ通って、性関係を持ち、朝になれば自分の家へ帰る、通い婚であった。「古事記」「万葉集」の昔からえんえん続いていて、農山漁村においては大正・昭和まで、変形しながらもその片鱗が認められた。

通い婚は一生続くわけではなく、やがて夫婦は同居するのだが、同居の形態は古くは婿入りであり、中世以後しだいに嫁入りになっていく。同居以前、通い婚の間は選択期といってもよいほど、パートナーとは不安定な関係であった。

難波潟　短き葦の節の間も　逢わでこの世を過ぐしてよとや

これは平安朝初期の歌人、伊勢の歌で百人一首に入っている有名なものだが、彼女は宇多天皇の中宮温子に仕える侍女だった。中宮の兄弟である藤原仲平、時平をつぎつぎ愛人とし、やがて天皇に寵愛されて皇子を生んだ。その皇子は夭折してしまったが、彼女が公的な地位ではなかったのに、伊勢の御息所と世に称されたのは、天皇の寵女として敬われたからである。やがて天皇が譲位、出家したので、次に天皇の皇子である敦慶親王の愛人となった。親王は一〇歳以上年下だったという。

こうした女性の恋愛遍歴は、通い婚時代めずらしいことではなかった。難波潟の歌は仲平がほかの女性の婿になって、失恋したときの歌ではないだろうか。その後兄の時平が来て「あんな男を信用してはいけない」などと言い寄るのである。

伊勢は誰の正妻にもならなかったので、一生同居せず通い婚で過ごしたのだが、こういう場合たいてい相手の男は何人か変わることになる。

貴族階級では身分が上下に細かく分かれていて、同居結婚をするのはおおむね釣り合った身分同士に限られた。伊勢は父が伊勢守だから中級貴族で、身分の高い男と同居はできない。しかし通い婚ならばできて、摂関家の公達や皇子、天皇までを相手にするとなると、本人の値打ちが上がる。これで立派な結婚で、日陰者でも何でもなかった。わが国の多妻制は女性にとって、有利な側面もあったのである。

一夫多妻というと、一人の男が複数の妻を独占し、妻たちが夫の愛を争うというように考えられるだろうし、外国にはそういう多妻制もある。しかし日本の伝統では多妻であると同時に多夫で、女が男に縛り付けられるわけではなかった。男も無責任に逃げるし、女は次の男を捕まえる。不安定、流動的な反面、それだからこそたちまち次の誰かが出てくるのである。

庶民の多夫多妻制

農山漁村の庶民の場合は、少し事情が違っていた。貴族が身分で規制されていたのと異なり、地域で規制があった。やはり婚姻の始まりは通い婚だから、歩いていける距離が婚姻圏で、いくつかの集落が集まった一つの村の内で結婚相手を選ぶのがふつうだった。他村の者との結婚は村内の若者に嫌がられ、軽蔑されたり暴力で罰せられることさえあったという。民俗学者瀬川清子の調査では、明治五（一八七二）年の壬申戸籍に載っている婚姻の九七パーセントが、それぞれの集落を中心にした三里（一二キロ）半径の中に収まるそうだ。昔の人は足が達者だから、そのくらい歩いて通ったのだろうが、もちろん一里（四キロ）半径というような、近いものもあった。

貴族が個人的につきあうのと違い村民は組織的で、男女それぞれの組織があった。男は若者組、女は娘組という。夜になると「宿」という集会所に集まり、若者組が娘の宿を訪問して集団で交際する。「夜遊び」といった。歌ったりしゃべったり、若い者同士でだんだん親しい相手ができる。結婚を目的とした交際であることは初めから分かっているわけで、合意ができた者から次の段階、「よばい」に進む。若者が娘の家に泊まりに行き、性関係を許された婚前交際に入るのである。娘の親は「よばい」を歓迎する。「よばい」が来なければ娘は結婚できないわけだから。

しかし通い婚の常として不安定で、男が来なくなったり、娘の気が変わりほかの男が来たり、何回かごたごたがあって婿が決まる。妊娠すれば決まりやすかった。

瀬川が調査した大正から昭和初期でも、「よばい」で結婚したと語る老人は多かった。大正生まれの経験者もいるくらいである。選んだ末に好きあった同士で結婚するので、よばい結婚ははなはだ安定していたということだ。

昭和の敗戦後新憲法ができて、女性にも財産相続権が認められ、親の許可を要せず「両性の合意」で結婚ができるようになった。そこで封建的結婚の例として、「足入れ」という風習がひどく攻撃されたことがある。足入れというのは、「稽古にやる嫁」ともいわれ、式もあげず婚姻届も出さず、婿の家に行かせて働かせる。性関係も持つ。あげく婿や舅姑が気に入らなければ、実家へ返すという試験婚である。

じつに女性を侮辱した悪習だと喧伝された。しかしもともとは、女性側から婿を選ぶ方法でもあったので、明治以前には貞操など問われなかったため、いやなら嫁のほうから出て来てしまった。またすぐほかの男に家に行く。「あの姑のところで何か月も務まった大したものだ」などとほめられて、次の申し込みがあったという。

敗戦直後は若い男が多く戦死したため、日本中どこでも女は結婚難だった。農村では嫁が選り取り見取り、欲の張った悪い舅姑が、難癖を付けて嫁を取り替えた例があったのだろう。

その後の推移を見ると、農家では嫁が来なくなって男の結婚難が問題になっている。これは農業国だった日本が戦後本格的な社会改革をして、工業立国になったため、農村生まれの女性も都会のサラリーマンの妻となる機会に恵まれ、農家の嫁を選ばなくなったからだ。

このように庶民においても、伝統的には多夫多妻の婚姻習俗であった。それは男性が異性への性欲を募らせ、女性も男性を意識する年齢、一五歳から二〇歳に性行動が解放され、自由な選択が許されるシステムなのである。上層はかなり高年齢まで選択を続けるけれども、庶民は二〇代前半くらいで一夫一婦に納まり、夫婦協力して労働生活に入る。合理的で本来の人間性に添った婚姻方法といえよう。

現代は難婚・非婚の時代

新憲法の発布から約七十年、現在はまったく自由結婚の時代である。

欧米では一九六八年、フランスのパリでベトナム反戦を叫ぶ学生運動から始まり、ゼネストに発展した「五月革命」を契機として、若者の間に「性の自由化」が進んだという。同じころ女性が自身で妊娠をコントロールできる、ピルという経口避妊薬が普及した。これで非常に厳しかったキリスト教圏の性規範が、一挙に自由になったということである。

わが国ではピルの公認はたいへん遅かったが、じっさいには医師が治療の名目で処方していたため、七〇年代の終わりから若者の性行動は自由になっていた。

しかし明治以来の不自由な締め付けの影響で、親世代は性教育にも忌避感があるほど理解がなく、分かったら大騒動だった。高校の教師らも、相当数の高校生が性行為を経験していると認めながら、「とても公認はできません」と見て見ぬふりをしていた。おとなどもがまごついている間に、事態はどんどん進んでしまったのだが、その頃のことである。

一九七六（昭和五一）年、私は仲間と「わいふ」という誌名の投稿雑誌を発行し始めたが、折から国連の「国際婦人年」が始まっていたので、部数を伸ばしつつあった。女性の本音の投稿が載っているというので、新聞、雑誌、テレビなど各メディアの取材もしばしばあった。

署名記事を書いている有名な新聞記者が来たとき、取材を終えた後の雑談で彼が言ったことを、私は今も鮮明に覚えている。その人は四、五〇代の男性であった。

「このごろの結婚はたいへんだ。なにしろ大土地所有制だからな」

何のことやら分からなかったが、彼が言うには、

「大土地所有者というのは、一人で何人もの女を捕まえられる男だよ。その次に自作農がいる。これは一人だけ女を捕まえられる男。その次は小作人で、女を借りられるだけの男。そのまた下はルンペンプロレタリアートで、まったく女を持てないやつだ。こんな残酷な大土地所有制はやめなくちゃいかん」

その場に居合わせたのは既婚の女性ばかりで、みな安定した結婚生活をしていたから、彼の言うことの重さを理解することができなかった。へんな話と思っただけだった。

それから三十余年、今ではその残酷さはじつにはっきりしている。それはルールのない自由で、モテるかモテないか、弱肉強食の競争恋愛結婚なのである。

昔、農山漁村で行われたよばい結婚は、競争する期間（年齢。一五歳から二〇歳までがふ

つう）が決まっており、距離（婚姻圏）が決まっており、結婚はしなければならないというルールがあった。都会の中以上の階層では相手を選ぶ自由がなかったが、その代わり競争もなく、婚期の内に親や知人の薦めるままに結婚して平気であった。

現在は婚姻圏がグローバル化して、外国を含むほど広がり、選択はまったく本人の意に任され、結婚するもしないも自由というアナーキーな状況である。どうしたら適当な相手にめぐり会えるのか、雲を摑むようなものだ。

そのためもう若くないのに、結婚していない人は珍しくなく、そこら中にいる。

ある母親が言っていた。

「娘はもう三五になりますが、まだ結婚する気もないらしいのです。心配していましたが、方々でそういう話を聞くようになりました。あの人の娘もこの人の娘も、結婚していない、それじゃこのままでもいいかもしれない。赤信号、みんなで渡れば怖くないって言いますでしょう」

こんなに結婚が難しくなったのは、「しなければならない」というルールがないことに加えて、恋愛を前提とするからである。わが国では本書で縷々述べてきたように、武家が社会の主導権を握るようになると、恋愛は専門の遊女・買女を相手にする場合にのみ許され、堅気の女性とすることは不道徳になった。明治時代には欧米のキリスト教道徳の輸入により、売春が賤業とされて紳士の近づくものではなくなり、しかも恋愛は厳禁された。それで明治・大正・昭和も戦前生まれの人は、男も女も恋愛の作法を知らないのである。その子どもが団塊の世代で、孫が彼らの子どもに当たる。親が恋愛を知らないのだから、子どもが知るはずはなく、孫も知らないのだ。

欧米の伝統では処女の純潔を重んずるが、精神的恋愛は尊ばれる。そこで性を伴わない、結婚を目的とした恋愛の作法がよく発達した。男性はレディ・ファーストで女性を尊重して見せ、彼女が悦ぶような態度をとる。彼女に好みを聞き、それに合わせて行動する。音楽が好みなら音楽会へ誘い、美術が好みなら美術館へ伴い、喜びそうな贈り物をする。だいたい進行パターンは決まっているらしく、女性が一緒に食事をするようになればOKに近いという。このような伝統の恋愛作法があり、誰でも女性を口説く方法を知っているのである。

日本も、中世の半ばくらいまでは恋愛結婚の国であった。恋愛作法には和歌、手紙、音楽の演奏を使った。上から下まで全国民が歌（詩）を作る国などほかにないそうだが、万葉集の昔から庶民でも歌を詠んだ。歌垣という野外恋愛集会があり、そこで恋歌の応酬をして相手を捕まえる。音楽も踊りもある婚活集会だった。

歌入りの恋文も盛んで、上層の男はまずそれで接触をはかる。女性の識字率も高かった。

遊女さえ文が書けなくては務まらない。

しかし江戸・明治の恋愛禁制で、その伝統は途切れてしまった。農山漁村では、明治末年まで「よばい」による恋愛結婚が行われていたが、卑猥な悪習として知識層の攻撃の的となり、昭和までやっていた辺境の村があったというが、やがてその唯一の恋愛作法「夜遊び」もすべて失われた。

それが今の難婚・非婚時代を招くとは、誰も予想できなかったであろう。今の恋愛下手な若者も歴史的原因など知るはずがない。

この不幸な経緯で、自由競争恋愛時代の敗北者は多数作られてしまったのではなかろうか。ただぼんやりしていては異性は寄ってこないし、相手を楽しませる話術も身についていない。しかもそのお手本は、誰も見せてくれないのだ。

あの新聞記者が、大土地所有制と非難したのは自由恋愛競争のことに違いなく、競争はその後ますます熾烈になっている。階層が上で、財産があり収入も高い人たちは恵まれてはいるが、それでも恋愛下手は取り残される。まして学歴が低く、収入も低く、生活が安定しない人たちは、若くて情熱があるうちにうまく結婚できたとしても、経済問題でつまずき離婚する場合が多い。離婚されてストーカーになったりするのは彼らルンペンプロレタリアートである。残酷な現実ではあるが、あきらめて競争から下りてしまい、案外のんきにかまえている若者も多い。家族が小さいので、親が子どもを離したがらず、結婚しないのをこぼしながら、内心出したくない心理もある。娘が離婚して、孫を連れて帰ってくれば、実家の親は大喜びだという話も聞いた。

結婚は必要か

未婚の人すべてを対象とした調査では、九〇パーセントもが「結婚したい」と答えるそうだが、結婚しない（できない）人は増えているのである。

「生涯未婚率」というのは、五〇歳時点での未婚者割合推定値だそうだが、一九八〇年には男性二・六パーセント、女性四・五パーセントにすぎなかった。それが二〇〇五年には男性一六パーセント、女性七・三パーセントにまで高まっている。男性のほうが著しく増えているのだ。さらに二〇五五年という未来の推計では、一九九〇年生まれの女性が二三・五パーセント、男性が三〇パーセント以上にのぼるという驚くべき話になる（佐藤博樹ほか『結婚の壁　非婚・晩婚の構造』二〇一〇）。

この危機を予想してか、婚活という男女の交際活動が流行している。しかしそれほど効果はないようである。

なぜなら結婚できない本当の原因は、恋愛競争の問題だけではなく、結婚という生活形態が不必要になっているためなのだ。敗戦直後の貧しい時代でも、「一人口は食えないが、二人口は食える」などといわれて、ほとんどの人が結婚した。結婚すれば妻が無償の家事労働をするので、安上がりに暮らせたからである。洗濯機もなく冷蔵庫もなく、ガスは出ないし電気は停電が多い。薪でご飯を炊き、ミシンで下着まで縫うという生活では、男は一人では暮らせない。妻の存在はじつに有り難かったし、女は職業に就いても自活できるだけの収入はもらえなかった。妻になることは「永久就職」といわれたほど、生活の安定をもたらしたのである。結婚する必然性が男女共にあったのだ。

やがて経済の高度成長期に入り、家庭電気器具がさまざまそろって、主婦の家事労働は軽減された。既製服が売り出され、家庭裁縫がなくなってミシン会社が倒産する。家事のほとんどが工業化・商業化した。戦後ベビーブーム世代を親に持つ娘たちは、六〇年代の終わりから七〇年代以後の生まれで、二〇一四年現在で四〇歳前後。彼女たちの多くは学歴が高く、職業にも就いているし、独身がかなりいる世代である。多くは自宅に住み専業主婦の母親に生活の面倒をみてもらっている。主婦一人いれば一軒の家事は片付くから生活上、経済上結婚する必要がない。性的経験はたいていあるが、結婚に踏み切る動機がないのである。また、同時代の生まれで、職業を持たずに結婚したグループもいる。多くは母親となり、その娘世代に当たる現代の女子高校生は、六〇パーセントが専業主婦志向だという。母親が専業主婦でのんびり楽な生活をしているのを見て、自分もああなりたいと思うのであろう。

しかし二〇〇〇年に入り、家庭内に仕事のなくなった女性は、未婚の人はもちろん、既婚者も子育てが一段落すると大挙して職業探しを始めており、男性と職場を奪いあう競争者になっている。企業は正規雇用を減らし安く使える女性のパートやフリーを大量に選んだので、男性でもパートやフリーが増え、収入が減っている。六〇パーセントの女子高校生の希望はとてもかなえられそうもない。高度成長期と違い、正社員で年功序列賃金、一生収入の安定した男性など、そうそういないからである。彼女たちも結局職業を持ち、結婚すれば共働きだし、結婚しないという選択も増えこそすれ、減ることはないだろう。男性も、衣食はすべて買ってくれれば足りる。掃除サービスもある。結婚する必要がどこにあろうか。

そんなこんなでこれから結婚が減るばかりでは、結果として少子化が心配されるのだが、少子化傾向の西欧先進諸国では、教育費を含めて、子どもにかかる費用を親でなく社会が負担して少子化を防ごうとしている。結婚制度については、同棲との境界を「法的」に無くす方向に進んでいるようだ。男女が一緒になろうが別れようが、まったく自由で手続きも要らない。同棲しても独身でも、社会的に何の問題もない。子の養育費を負担する必要がないのだから、母子家庭でも父子家庭でもやって行ける。

考えてみれば日本でも近世以前、通い婚をしていたころは子どもが生まれると、男子は父親の属する組織（主君の家、勤め先）に入り、女子は母親の組織に入った。まだ一夫一婦の家庭がなかったのである。結婚という制度も時代により変わる。

近代化は一夫一婦制を規定したが、もう一方で家事の工業化・商業化が進み、女性は外で働く時間を得て、それまでの男女の経済力の差を縮めた。かつて布の織り手・働き手として経済を担っていた時代に戻っているともいえる。

また家族をみると、一夫一婦制の標準世帯（両親と子ども二人）と呼ばれる昭和時代を経て、現代はさらに、非婚、事実婚やステップファミリー、一人親世帯、老親世帯等々、多様なものとなって、同棲も結婚も離婚もたいした生活上の違いではなくなりつつある。

本書でたどってきたように、古来わが国にもいろいろな男女関係があった。現代のわれわれは、明治・大正・昭和前期の厳しい規制によって薄れてしまった自然な男女間の付き合い方や、恋愛文化について、わが国の歴史から学ぶものがあるように思う。欧米の成功例ももちろん取り入れるべきだが、わが国に古来伝わる文化・風習にもっと目を向けると、案外答えが見つかるかもしれない。

引用・参考文献

青木和夫『古代豪族』講談社学術文庫、二〇〇七年
浅井虎夫『新訂　女官通解』所京子校訂、講談社学術文庫、一九九一年
池田広司／北原保雄『大蔵虎明本　狂言集の研究』表現社、一九七二年
池田弥三郎『わたしの源氏物語』講談社、一九六六年
石井良助『新編　江戸時代漫筆（上・下）』朝日新聞社、一九七九年
磯野誠一／磯野富士子『家族制度』岩波新書、一九五九年
今泉みね『名ごりの夢――蘭医桂川家に生まれて』平凡社、一九六三年
今谷　明『室町の王権――足利尊氏の王権簒奪計画』中公新書、一九九〇年
上村六郎／辻合喜代太郎／辻村次郎編著『日本染織辞典』東京堂出版、一九七九年
氏家幹人『武士道とエロス』講談社現代新書、一九九五年
大石慎三郎『徳川吉宗とその時代』中公文庫、一九九五年
岡田荘司『大嘗の祭り』学生社、一九九〇年
折口信夫『古代生活に見えた恋愛』（全集 第一巻）中央公論社、一九九五年

笠原英彦『歴代天皇総覧』中央公論新社、二〇〇一年
勝浦令子『古代・中世の女性と仏教』山川出版社、二〇〇三年
金子元臣『枕草子通解』明治書院、一九五六年
菊村紀彦／仁科　龍『親鸞の妻・恵信尼』雄山閣出版、一九九〇年
工藤敬一『荘園の人々』教育社歴史新書、一九八六年
講談社編著『きもの　着こなしと知識』講談社、一九六九年
近藤瓶城編集「博多日記」『正慶乱離志　楠木合戦注文』続史籍集覧第一冊、一九三〇年
佐藤善治郎『上代帝都の史蹟』三教書院、一九四〇年
佐藤博樹／永井暁子／三輪　哲編『結婚の壁　非婚・晩婚の構造』勁草書房、二〇一〇年
沢田東江「古今吉原大全　永代蔵」『洒落本大成（四）』中央公論社、一九七九年
篠田鉱造『幕末明治女百話』小西四郎解説、角川書店、一九八〇年
清水　孝『裁かれる大正の女たち――風俗潰乱という名の弾圧』中公新書、一九九四年
清水好子『紫式部』岩波新書、一九七六年
白石良夫『最後の江戸留守居役』ちくま新書、一九九六年
菅野覚明『神道の逆襲』講談社現代新書、二〇〇一年
「廓清」廓清会発行、一九一一年（復刻版、龍渓舎、一九八〇年）

瀬川清子『婚姻覚書』講談社、一九五七年
瀬川清子『きもの』未來社、一九七二年
瀬川清子『販女（ひさぎめ）――女性と商業』未來社、一九七五年
瀬川清子『沖縄の婚姻』岩崎美術社、一九八八年
関　桂三『日本綿業論』東京大学出版会、一九五四年
高群逸枝『招婿婚の研究二』（高群逸枝全集　第三巻）理論社、一九八七年
田端泰子『女人政治の中世　北条政子　日野富子』講談社現代新書、一九九六年
谷崎潤一郎「にくまれ口」『婦人公論』一九六五年九月号
土田直鎮『日本の歴史（五）王朝の貴族』中公文庫、一九八七年
角田文衞＋中村真一郎『おもしろく源氏を読む――源氏物語講義』朝日出版社、一九八〇年
角田文衞『承香殿の女御――復原された源氏物語の世界』中公新書、一九八六年
角田文衞『椒庭秘抄――待賢門院璋子の生涯』朝日新聞社、一九七五年
東京帝国大学史談会編著『旧事諮問録』三好一光校注、青蛙房、一九六四年
利光三津夫『日本古代法制史』慶応通信、一九八八年
『長崎版　どちりな　きりしたん』海老沢有道校注、岩波文庫、一九八八年
永島今四郎／太田贇雄編著『定本　江戸城大奥』人物往来社、一九六八年

永原慶二『新・木綿以前のこと』中公新書、一九九〇年
永原慶二『苧麻・絹・木綿の社会史』吉川弘文館、二〇〇四年
西村　亨『王朝びとの四季』講談社学術文庫、一九七九年
西村　亨『新考　王朝恋詞の研究』おうふう、一九九四年
日本古典文学会編『絵本源氏物語』貴重本刊行会、一九八八年
日本女子大学教育研究所編『明治の女子教育』国土社、一九六七年
根岸鎮衛『耳袋（上・中・下）』岩波文庫、（上）一九九一年、（中）一九九七年、（下）一九九七年
畑　尚子『江戸奥女中物語』講談社現代新書、二〇〇一年
ルイス・フロイス『日欧文化比較』（大航海時代叢書XI）岡田章雄訳・注、岩波書店、一九六五年
松浦静山『甲子夜話（6）』（東洋文庫）平凡社、一九七九年
ジャン・ガブリエル・マンシニ『売春の社会学』寿里　茂訳、白水社、一九八三年
三田村鳶魚『武家事典』稲垣史生編、青蛙房、一九四九年
三田村鳶魚『御殿女中』青蛙房、一九七一年
三谷一馬『江戸　吉原図聚』中公文庫、一九九二年
向谷喜久江『よばいのあったころ――証言　周防の性風俗』マツノ書店、一九八六年
村上静人『人情本　契情肝粒志』人情本刊行会、一九一五年

『明治天皇紀』宮内庁臨時帝室編修局、二〇〇〇年
桃　裕行「うわなりうち考」『日本歴史』三五号、一九五一年
森野宗明『王朝文学と女性の言語――源氏物語を中心として』青山学院女子短期大学学芸懇話会、一九七六年
柳田国男『妹の力』（柳田国男全集　第一一巻）ちくま文庫、一九九〇年
柳田国男『巫女考』（柳田国男全集　第一一巻）ちくま文庫、一九九〇年
柳田国男『婚姻の話』（柳田国男全集　第一二巻）ちくま文庫、一九九〇年
柳田国男『木綿以前の事』（柳田国男全集　第一七巻）ちくま文庫、一九九〇年
山川菊栄『わが住む村』岩波文庫、一九八三年
山川三千子『女官』実業之日本社、一九六〇年
湯沢雍彦『世界の離婚――その風土と動向』有斐閣新書、一九七九年
吉田豊編著『江戸服飾史　大槻如電講義録』芙蓉書房出版、二〇〇二年
吉村貞司『日野富子――闘う女の肖像』中公新書、一九八五年
和田英松『新訂　官職要解』所　功校訂、講談社学術文庫、一九九〇年
脇田晴子『日本中世女性史の研究――性別役割分担と母性・家政・性愛』東京大学出版会、一九九二年

『七十一番職人歌合』(新日本古典文学大系61)岩波書店、一九九三年
『太田和泉守覚書　改訂史籍集覧』臨川書店、一九九〇年
「久夢日記」『続日本随筆大成』(別巻 近世風俗見聞集五)吉川弘文館、一九八二年

〈古　典〉

「伊勢集」『平安私家集』(新日本古典文学大系)犬養　廉/後藤祥子/平野由紀子校注、岩波書店、一九九四年
『源氏物語』(全一〇巻)玉上琢弥訳注、角川文庫、一九九七年
『古事記』倉野憲司校注、岩波文庫、二〇〇一年
『更級日記(上・下)』関根慶子訳注、講談社学術文庫、二〇〇二年
『日本古典文学大系　日本書紀』坂元太郎/家永三郎/井上光貞/大野　晋校注、岩波書店、(上)一九六七年、(下)一九六五年
『日本霊異記』武田祐吉校注、朝日新聞社、一九六八年

《著者紹介》

和田　好子（わだ・よしこ）

1929年　東京生まれ。
　　　　神奈川高等女学校卒業。速記者を経て
1958年　結婚。
　　　　二児を生む。
1975年　投稿雑誌「わいふ」を友人らと発刊。副編集長として30年間携わる。
主　著　『自分を表現できる文章の書き方』（共著）毎日新聞社，2000年
　　　　『年金で豊かに暮らせる日本の町』（編）学陽書房，2003年
　　　　『みつけた！夢ある老人ホーム』ミネルヴァ書房，2012年，ほか。

やまとなでしこの性愛史
――古代から近代へ――

2014年8月30日　初版第1刷発行　〈検印省略〉

定価はカバーに
表示しています

著　者　和　田　好　子
発行者　杉　田　啓　三
印刷者　坂　本　喜　杏

発行所　株式会社　ミネルヴァ書房
607-8494　京都市山科区日ノ岡堤谷町1
電話代表　(075)581-5191
振替口座　01020-0-8076

冨山房インターナショナル・藤沢製本

ISBN 978-4-623-07105-0
Printed in Japan

人名索引

あ 行

か 行

さ行

た行

な・は行

ま　行

や・ら・わ行

事項索引

あ 行

か　行

た　行

ま　行

や　行

ら・わ行